Petit lexique de la France contemporaine
A pocket dictionary of contemporary France

Français-Anglais
French-English

Petit lexique de la France contemporaine
A pocket dictionary of contemporary
France

Français-Anglais
French-English

Claudie Cox

BERG
Oxford / New York / Hamburg
Distributed exclusively in the US and Canada by
St. Martin's Press, New York

First published in 1988 by
Berg Publishers Limited
Market House, Deddington, Oxford 0X5 4SW, UK
175 Fifth Avenue/Room 400, New York, NY 10010, USA
Schenefelder Landstr. 14K, 2000 Hamburg 55, FRG

© Claudie Cox 1988

British Library Cataloguing in Publication Data

Cox, Claudie
    Petit lexique de la France contemporaine:
    Français-Anglais = A pocket dictionary
    of contemporary France: French–English.
    1. French language—Vocabulary
    I. Title
    448.1   PC2445

    ISBN 0–85496–534–3

Library of Congress Cataloguing-in-Publication Data

Cox, Claudie.
    Petit lexique de la France contemporaine, Français-
Anglais = A pocket dictionary of contemporary France,
French–English.

    Bibliography: p.
    Includes index.
    1. France—Civilization—1945–   —Dictionaries—
French.   2. French language—Dictionaries—English.
I. Title.   II. Title: Pocket dictionary of contemporary
France, French–English.
    DC402.C69   1987 /1988 944.08'03'41   87–18226
    ISBN 0–85496–534–3 (pbk.)

Printed in Great Britain by Billings of Worcester

93

Contents

Preface

This *Petit lexique de la France contemporaine* is intended to serve as a useful companion to courses on 'Contemporary France'; it will help students to acquire the specific vocabulary they encounter in covering current affairs in France, in the fields of politics, economics and social studies, as well as towards the understanding of the media and of what is all too often rather obscure or esoteric journalistic jargon. The units have been designed so as to cover all aspects of a course on 'Contemporary France', and include a list of acronyms as an indispensable key to any political or economic context.

For reasons of convenience, the masculine form has been adopted as standard throughout the work.

C.C.

les institutions politiques et administratives
political and administrative institutions
la séparation des pouvoirs
separation of powers

le pouvoir exécutif	**executive power**
les élections présidentielles ont lieu tous les 7 ans sauf en cas de démission *f* ou de décès *m* du président	presidential elections take place every seven years except in the case of resignation or death of the president
être candidat à la présidence de la République	to run for the Presidency
le président de la République est élu au suffrage universel direct	the president of the Republic is elected by direct universal suffrage
être élu à la présidence de la République	to be elected president
élire	to elect
l'hôte *m* de l'Elysée = le président	the occupant of the 'Elysée' (= the official residence of the president of the Republic)
le président en exercice *m* en place *f*	president in office, incumbent president
le chef de l'Etat *m*	head of state
un chef d'Etat	a head of state
le dirigeant d'un pays	leader, ruler of a country
le président sortant	outgoing president
l'ancien président	former president
le nouveau président élu	incoming president
la fonction présidentielle le pouvoir suprême	presidential office highest office
un mandat présidentiel (renouvelable)	presidential mandate (renewable)
briguer un second mandat	to stand for a second mandate
le septennat du président	seven-year mandate of the president
le mandat arrive à échéance *f*	the president is coming to the end of his mandate
l'échéance suprême = l'élection présidentielle	date of the next presidential election

la passation des pouvoirs *m*	transfer of power
se retirer	to step down
la vacance du pouvoir	vacancy of power
gagner le pouvoir	to win power
arriver au pouvoir	to reach power
l'alternance *f* du pouvoir	alternation of power
les allées *f* du pouvoir	corridors of power
les rouages *m* et les manettes *f* du pouvoir	wheels and levers of power
un régime présidentiel	presidential regime
la 'présidentialisation' du régime sous la Ve République	increasing power in the hands of the president under the Vth Republic
le pouvoir d'arbitrage *m* du président	president's power as an intermediary
le président nomme le Premier ministre	the president appoints the prime minister
le chef du gouvernement = le Premier ministre	head of the government = prime minister
l'hôte l'occupant le locataire } de Matignon = le Premier ministre	the occupant of Matignon (= the official residence of the prime minister)
les ministres *m* d'Etat	senior ministers
les ministres délégués, chargés de . . .	deputy ministers, with special responsibilities
les secrétaires *m* d'Etat	Ministers of State (beneath the ministers in the hierarchy)
les sous-secrétaires d'Etat	junior ministers
un portefeuille ministériel	ministerial portfolio
un ministère	ministry
le porte-parole du gouvernement	government spokesman
un remaniement ministériel	Cabinet reshuffle
le cabinet d'un ministre	minister's private office
un chef de cabinet	principal private secretary
le conseil des ministres a lieu tous les mercredis matin	the council of ministers meets every Wednesday morning
la réunion du conseil des ministres sous la présidence de . . .	session of the council of ministers chaired by . . .
l'ordre du jour du conseil des ministres	agenda of the council of ministers
le pouvoir le gouvernement } en place	government in office
la couleur la nuance } politique du pouvoir	political complexion of the government

gérer les affaires du pays	to direct the affairs of the country
les pouvoirs publics	(public) authorities
l'Administration (publique)	civil service
la fonction publique	public service
un fonctionnaire (titulaire)	(established) civil servant, public sector employee
les hauts fonctionnaires ⎫ les grands commis de l'Etat ⎭	high-ranking, senior civil servants
être démis de ses fonctions *f*	to be dismissed from one's duties
démissionner (de) ⎫ donner sa démission ⎭	to resign (from)

le pouvoir législatif / legislative power

le parlement	Parliament
les 2 Chambres *f*	the two Chambers
le Sénat, la Haute Assemblée, siège au Palais du Luxembourg	the Senate, the upper house, sits at the Palais du Luxembourg
l'Assemblée nationale (la Chambre des députés) siège au Palais-Bourbon	the National Assembly sits at the Palais-Bourbon
l'hémicycle *m* de l'Assemblée nationale	benches of the National Assembly
les groupes *m* parlementaires	parliamentary parties
les bancs *m* de la majorité de l'opposition *f*	benches of the majority of the opposition
les députés sont élus au suffrage universel direct	Members of Parliament are elected by direct universal suffrage
un député ⎫ un parlementaire ⎭	MP
la députation	position as an MP
un candidat à la députation	parliamentary candidate
les élections législatives ont lieu tous les 5 ans sauf en cas de dissolution *f* de l'Assemblée	general elections take place every five years except in the case of dissolution of the Assembly
la législature	parliamentary term of office
l'élection d'un député (et de son suppléant en cas de scrutin majoritaire)	the election of an MP (and of his substitute in the case of majority voting)
un siège parlementaire	parliamentary seat
l'immunité parlementaire	parliamentary immunity/privilege

[3]

une élection partielle	by-election
obtenir le renouvellement de son mandat	to have one's mandate renewed, be re-elected
la majorité parlementaire	parliamentary majority
sortante	outgoing majority
actuelle	present majority
absolue	overall majority
une majorité écrasante	overwhelming majority
faible/étroite	small majority
une Chambre sans majorité absolue	balanced, hung Parliament
une session ordinaire du parlement	ordinary session of Parliament
une session extraordinaire du parlement	extraordinary session of Parliament
les vacances *f* parlementaires	parliamentary recess
la rentrée parlementaire	new session of Parliament
les débats *m* parlementaires	parliamentary debates
une séance parlementaire	parliamentary sitting
soumettre le vote de confiance *f* à l'Assemblée	to call for a vote of confidence in the Assembly
gagner ⎫ le vote de confiance perdre ⎭	to win ⎫ the vote of confidence to lose ⎭
la dissolution de l'Assemblée nationale	dissolution of the National Assembly
le président de la République peut dissoudre l'Assemblée nationale	the president of the Republic can dissolve the NA
une crise de régime	governmental crisis
les questions *f* à l'ordre *m* du jour à l'Assemblée	issues on the agenda in the Assembly
la séance des questions orales au gouvernement	question time in Parliament
déposer un projet de loi *f*	to table a bill
une proposition de loi	private bill
adopter un projet de loi	to vote a bill
voter une loi	to pass a law
une loi-cadre *m*	blueprint law
les députés se prononceront sur ce texte	MPs will vote on this issue
déposer un amendement	to table an amendment
déposer une motion de censure *f*	to put down a motion of censure
voter une motion de censure contre le gouvernement	to vote a motion of censure against the government
l'Assemblée nationale a adopté en première lecture le projet	the National Assembly has passed the bill on . . . after the

de loi sur . . .	first reading
l'Assemblée a rejeté le projet de loi	the Assembly has rejected the bill
le projet de loi fait la navette entre l'Assemblée nationale et le Sénat	the bill is sent backwards and forwards between the two assemblies for examination
promulguer une loi	to promulgate a law
la promulgation d'une loi	promulgation of a law (official acknowledgement of the existence of a new law)
abroger une loi	to abrogate, repeal a law
l'abrogation *f* d'une loi	abrogation, repeal of a law
le décret d'application *f* d'une loi	decree for the implementation of a law
le gouvernement peut procéder par ordonnances *f*	the government may speed legislation through by decree = legislative ruling issued by the government rather than Parliament
la procédure par ordonnances	rule-by-decree
légiférer	to legislate
la législation	legislation
le droit de veto *m*	right of veto
mettre } son veto à opposer }	to veto
exercer son droit de veto	to use one's veto
les sénateurs sont élus pour 9 ans au suffrage universel indirect, par les députés, les conseillers généraux et les délégués des conseillers municipaux (voir plus loin)	senators are elected for nine years by indirect universal suffrage, by MPs, "conseillers généraux" and representatives of the "conseillers municipaux" (see below)
le Sénat est renouvelable par tiers *m* tous les trois ans	one-third of the Senate are elected every three years
le Conseil constitutionnel, composé de 9 membres *m* (= les 9 'sages') est le gardien de la Constitution: il contrôle la conformité des lois votées par le parlement et des traités internationaux avec la Constitution	Constitutional Council, a 9-member body whose responsibility is to ensure that laws voted by Parliament and international treaties conform to the Constitution
le Conseil d'Etat donne son avis sur la valeur de la loi proposée (rôle consultatif)	State Council, a body of about 200 experts, advising Parliament on the legality of proposed laws (advisory role)

l'administration locale	local government
la France métropolitaine est divisée en collectivités *f* territoriales:	mainland France is divided into local authorities at various levels:
— 22 régions *f* de programme *m*, créées en 1972	
— 96 départements *m* +5 DOM (= départements d'outre-mer: la Martinique, la Guyane, la Guadeloupe, la Réunion et St Pierre-et-Miquelon)	
— arrondissements *m*	
— cantons *m*	
— communes *f*	
le conseil régional est une assemblée régionale avec pouvoir *m* de décision *f*	the 'conseil régional' (regional council) is an assembly at the level of the 'région' with decision-making powers
les élections régionales pour l'élection des conseils régionaux	elections within the 'région' for the election of regional councils
un département	territorial and administrative division
les DOM, départements d'outre-mer	overseas 'départements'
le préfet de départment, commissaire de la République	chief administrative officer, representative of central power in the 'département'
le préfet de région (= préfet de département avec fonction *f* supplémentaire)	chief administrative officer, representative of central power in the 'région' (is a 'préfet de département' with extra duties)
la préfecture	administrative area under a 'préfet'
l'hôtel du département ⎫ de la région ⎭	offices of those administrations
un arrondissement	sub-division of the 'département'
à Paris, Lyon, Marseille, un ⎫ arrondissement ⎭	sub-division of the 'commune'
le canton	sub-division of the 'arrondissement'
les élections cantonales pour	elections within the 'canton' for

l'élection des conseils généraux	the election of 'conseils généraux'
le conseil général est une assemblée départementale avec pouvoir de décision	the 'conseil général' is an assembly at the level of the 'departement' with decision-making powers
la commune	smallest territorial, administrative and electoral division in France
il y a près de 36 500 communes en France	there are almost 36,500 'communes' in France
les communautés *f* urbaines = associations *f* de plusieurs communes	groupings of several 'communes'
les élections municipales, pour l'élection du conseil municipal	local council elections for the election of the town council
un conseiller municipal	town councillor
au niveau à l'échelon *m* } municipal(e), à l'échelle *f* } local(e)	at local (authority) level
au niveau à l'échelon } national(e) à l'échelle	at national level
la municipalité	town hall administration
le conseil municipal élit le maire et ses adjoints	the town council elects the mayor and his/her deputies
le député-maire	MP and mayor
la mairie } l'hôtel de ville }	town hall
la Mairie de Paris	Paris town council
le maire de la Ville de Paris = Jacques Chirac	mayor of Paris = J. Chirac
les élus locaux	elected local representatives
les collectivités locales = conseils régionaux, généraux, municipaux	local authorities
la loi limitant le cumul des mandats électoraux (votée en 1985)	legislation restricting the accumulation of electoral mandates (passed in 1985)

les élections *f* — **elections**

le droit de vote *m* à 18 ans	right to vote at 18
les élections se déroulent le dimanche en France	elections take place on a Sunday in France

[7]

le système électoral le mode de scrutin *m*	polling system
le déroulement du scrutin	progress of poll
l'issue *f* du scrutin	outcome of poll
le scrutin est clos	polling is over
la clôture du scrutin	closing of polling stations
le découpage électoral la carte électorale	division into constituencies
une circonscription électorale	electoral constituency
le scrutin uninominal	voting for one candidate only
le scrutin de liste *f*	voting for several candidates, list system
le candidat investi par un parti	candidate nominated by a party
l'investiture *f* d'un candidat	nomination of a candidate
se porter candidat à une élection	to stand for election
verser une caution	to pay a deposit
être en tête *f* de liste mener la liste conduire la liste	to be the chief candidate for the list system
le panachage des listes	possibility for the voters to modify the order of the names or to add to or substract from the lists
le scrutin majoritaire	majority voting
la RP = représentation proportionnelle	PR
le scrutin à un tour	one-ballot poll
le scrutin à deux tours	two-ballot poll
le premier tour de scrutin	first ballot
le deuxième tour de scrutin	second ballot
il y a ballotage *m*	there will be a second ballot
être en ballotage	to stand again at the second ballot
le désistement	having to withdraw after the first ballot
se désister en faveur de	to stand down, withdraw in sb's favour
le report des voix *f*	transfer of votes
être inscrit sur les listes *f* électorales	to be on the electoral register
un bureau de vote *m*	polling station
un bulletin de vote	voting slip
une urne	ballot box
le verdict des urnes le résultat des élections	outcome of the poll

la fraude électorale	electoral fraud
un isoloir	polling booth
le dépouillement du scrutin	counting of the votes
les voix exprimées ⎱ les suffrages exprimés ⎰	valid votes
les abstentions *f*	abstentions
le taux d'abstentionnisme *m*	rate of abstentionism
s'abstenir de voter	to abstain from voting
un fief électoral	electoral stronghold
un bastion de droite/de gauche	bastion of the Right/of the Left
la mouvance électorale	electoral support
pendant la période électorale	during the electoral period
donner le coup d'envoi *m* de la campagne électorale	to launch the electoral campaign
le lancement de la campagne électorale	launching of the electoral campaign
la bataille électorale	electoral battle
la cuisine ⎱ la magouille ⎰ électorale(s) les manoeuvres ⎰	electoral manoeuvring
l'échéance électorale	date of the next elections
des législatives	general elections
des présidentielles	presidential elections
un programme ⎱ électoral(e) une plate-forme ⎰	electoral platform
un enjeu électoral	electoral issue
une alliance électorale	electoral alliance
le vote utile	tactical voting
les électeurs *m*	voters
l'électorat *m*	electorate
mobiliser l'électorat	to rally the electorate
le corps électoral	electoral body
l'électorat de gauche ⎱ de droite ⎰	left-wing vote right-wing vote
la poussée ⎱ la montée ⎰ du Front national	rise of the National Front
le recul des communistes	decline of the communist vote
un taux de participation électorale très bas	very low turnout in voters
très élevé	very high turnout in voters
un raz-de-marée électoral	electoral landslide
emporter une victoire écrasante	to win a landslide victory

une courte victoire	narrow victory
réaliser } un bon score faire	to do well, have good results
réaliser un score médiocre	to have poor results
réaliser un mauvais score	to do badly
essuyer un revers } un échec	to meet with a setback
faire de l'électoralisme *m*	to go in for electioneering
briguer des suffrages *m*	to covet votes
lors des élections de . . .	at the time of the elections of . . .
le vote par correspondance *f*	postal vote
le vote par procuration *f*	vote by proxy
un sondage d'opinion *f*	opinion poll
les instituts *m* de sondage	opinion poll organisations
un échantillon représentatif de la population française	representative sample of the French population
les estimations *f*	estimates
la fourchette des estimations	range of estimates
une enquête	survey
la cote de popularité du président/du Premier ministre est en hausse/en baisse	the personal popularity rating of the president/of the prime minister is rising/declining
avoir la cote (familier)	to be very popular (coll.)
un référendum	referendum
un recensement	census
un citoyen/une citoyenne	citizen
la citoyenneté	citizenship
les concitoyens *m*	fellow citizens
les notables *m*	dignitaries

la vie politique
political life

le paysage politique français
panorama of French politics

principaux partis/principales formations politiques et leurs dirigeants/leaders	**main political parties and alliances and their leaders**
le PCF = Parti communiste français secrétaire général = George Marchais	
le courant rénovateur/réformiste au sein du PC	reformist trend within the PC
les rénovateurs/réformateurs au sein du PC	reformists within the PC
le PS = Parti socialiste (autrefois SFIO = Section française de l'internationale ouvrière) secrétaire national/premier secrétaire = Lionel Jospin	
le PSU = Parti socialiste unifié secrétaire national = J. C. Le Scornet	
le MRG = Mouvement des radicaux de gauche président = François Doubin	
l'UDF = Union pour la démocratie française, formation créée en 1978 président = Jean Lecanuet sont inclus dans l'UDF: — le CDS = Centre des démocrates sociaux président = Pierre Méhaignerie — le PR = Parti républicain	

— président = François
  Léotard
— le Parti radical(-socialiste)
  = le plus vieux parti de
  France
  président = André
  Rossinot
— le Club Perspectives *f* et
  Réalités *f*
  président = Pierre
  Fourcade
— le PSD = Parti
  social-démocrate
  président =Max Lejeune

le RPR = Rassemblement pour
  la République, fondé en 1976
  = mouvement gaulliste
  président = Jacques Chirac

le FN = Front national
  président = Jean-Marie Le
  Pen

le CNIP = Centre national des
  indépendants et paysans
  président = Philippe Malaud

le parti écologiste	ecology, environmental party
les 'Verts'	the Greens

la scène		
le champ	**politique**	**political scene, spectrum**
l'échiquier *m*		

l' arène *f* politique	political arena
la politique	politics
une politique	a policy
faire de la politique	to go into politics
la politique politicienne	party politics
politicailler (familier)	to indulge in party politics (coll.)
un (homme) politique	politician
un personnage politique	political figure
un politicien (péjoratif)	politician, political schemer (pej.)
les barons *m*	top party officials, grandees of a
les gros bonnets *m* } d'un parti	party

[12]

le dirigeant d'un parti	party leader
le chef de file *f* la 'tête d' affiche' *f* } d'un parti le ténor	leading light of a party
les jeunes loups *m* d'un parti	young activists in a party
les marchistes	supporters of G. Marchais
les 'cocos' (familier) = les communistes	communists
les mitterrandistes	supporters of F. Mitterrand
les giscardiens	supporters of VGE = V. Giscard d'Estaing
les chiraquiens	supporters of J. Chirac
les lepénistes	supporters of J. M. Le Pen
le lepénisme le phénomène Le Pen } le phénomène lepéniste	movement in support of Le Pen
les barristes	supporters of Raymond Barre
R. Barre = ancien Premier ministre de VGE, aujourd'hui l'un des économistes libéraux de la droite	R. Barre = former prime minister of VGE, today one of the 'liberal' economists of the Right
les (néo-)libéraux	'liberal' economists, free marketeers
la politique libérale } le libéralisme économique	movement favouring free market economy
les partisans *m* } du les tenants *m* } libéralisme } économique	supporters of this free market economy
les valeurs *f* libérales:	free market economy values:
— le désengagement de l'Etat dans la vie économique, moins de dirigisme *m*/ d'interventionnisme *m* étatique	— less state interference in the economy
— un programme de privatisations *f*	— programme of privatisation
— plus de libertés *f*: liberté des prix *m*, liberté des changes *m*, liberté de licenciement *m*	— more civil liberties: scrapping of price and exchange controls, easing of restrictions on redundancies
— un programme de déréglementations sociales	— deregulation measures, removal of labour-market rigidities
— moins de protection sociale	— fewer social benefits from the Welfare State

le gauche	Left
la droite	Right
le centre	centre
le centrisme	centrism
les centristes *m*	centrists
le marais ⎫ centriste	centre ground, morass of the
le marécage ⎭	centre
le centre gauche	centre left
le centre droit	centre right
les modérés *m*	middle of the road groupings
être de gauche/de droite	to be left-wing/right-wing
au sein de la gauche/de la droite	amongst the Left/the Right
l'extrême gauche	extreme left
l'extrême droite	extreme right
le clivage droite-gauche	split between Right and Left
l'alternance *f* politique	alternation, shift of power
les milieux *m* politiques	political circles
la classe politique	body politic
la classe dirigeante	ruling class
la mouvance ⎫ de l'opposition *f*	opposition parties
les partis *m* ⎭	
le discours politique	political rhetoric
les membres *m* ⎫ d'un parti	members of a political party
les adhérents *m* ⎭	
les militants de base ⎫	rank-and-file, grassroots
la base ⎭	
les sympathisants *m* ⎫ d'un parti	followers ⎫ of a party
l'audience *f* ⎭	supporters ⎭
appartenir à ⎫ un parti	to belong to a party
être membre d' ⎭	
s'affilier ⎫ à un parti	to become affiliated to a party
s'adhérer ⎭	
l'affiliation *f* ⎫ à un parti	affiliation to a party
l'adhésion *f* ⎭	
s'inféoder à	to give one's allegiance to
l'inféodation *f* ⎫ politique à un	political allegiance to a party
l'allégeance *f* ⎭ parti	
d'obédience communiste/	of communist/socialist allegiance
socialiste . . .	
porter l'étiquette *f* d'un parti	to carry the colours of a party
l'appareil *m* d'un/du parti	party machinery
le comité directeur ⎫ d'un parti	national executive (committee)
le bureau politique ⎭	of a party

au siège	
au QG = Quartier général	at the headquarters of a party
au PC = Poste de commandement *m* } d'un parti	
des états-majors politiques	political headquarters
le conseil national	
le congrès national	
les assises *f* nationales } d'un parti	a party's conference
la convention nationale	
les journées parlementaires *f* d'un parti	(annual) conference of a parliamentary party
la rentrée politique	autumn (conference) season for political parties
signer un accord avec	to sign an agreement with
former une coalition	to form a coalition } with
une alliance } avec	an alliance }
rompre une alliance	to break an alliance
les luttes *f* de tendances *f* dans un parti	struggles between factions within a party
les différentes sensibilités	
les différents courants } au sein d'un parti	various tendencies } within a leanings } party
se réclamer d'une sensibilité de gauche	to claim to belong to the Left
de droite	to the Right
un chef de courant *m*	leader of a tendency
une scission au sein d'un parti	split/rift within a party
le déclin d'un parti	decline of a party
le redressement d'un parti	recovery of party
monter au créneau {	to go onto the offensive
	to gain in popularity
le magouillage	
la magouille } politique	political trickery, jiggery-pokery
le grenouillage	
un revirement } politique	political volte-face
une volte-face }	
changer de camp }	to change sides
retourner sa veste }	
un changement de cap *m* dans la politique gouvernementale	change of direction in government's policy
amorcer un virage	to start changing direction
le recentrage	moving over to the centre
la dérive droitière	drifting towards the Right

l'ancrage *m* à gauche	being firmly rooted in the Left
la lutte des classes	class struggle
la lutte ouvrière	working-class struggle
un militant	militant, agitator
le militantisme	militancy
faire du militantisme	to be involved in political agitation
les mouvements *m* de masse *f*	mass movements
la majorité silencieuse ⎱ passive ⎰	silent majority
être majoritaire	to be in a majority

les minorités actives ⎱
            agissantes ⎬
            militantes ⎰
	active minorities

les éléments perturbateurs ⎱ provocateurs ⎰	disruptive elements
les agitateurs	agitators
la contestation	dispute, opposition
un contestataire	agitator, opponent
s'engager dans une polémique	to become involved in a dispute
manifester	to demonstrate
une manif(estation)	demo(nstration)
les manifestants	demonstrators
s'élever ⎱ protester ⎰ contre	to rise up, protest against
les troubles *m* politiques ⎱ les désordres *m* politiques ⎬ l'agitation *f* politique ⎰	political disturbances

la politique intérieure

domestic policy

le ministère de l'Intérieur	Ministry of the Interior
la métropole ⎱ le territoire métropolitain ⎬ l'Hexagone *m* ⎰	France, the mainland
sur le territoire français	on French soil
la centralisation	centralization
la décentralisation	decentralization
la régionalisation	regionalization
l'urbanisme *m*	town planning
l'aménagement *m* du territoire	national development, town and country planning
la politique économique et sociale du gouvernement	economic and social policy of the government
une politique de redressement	package of economic measures

économique et social	and social reforms
une politique des revenus *m* salariale	incomes policy
une politique de rigueur *f* d'austérité *f*	policy of economic stringency, control of public expenditure
prendre des mesures *f* économiques	to take economic measures
entamer des réformes *f*	to introduce reforms
créer établir } un climat de confiance *f*	to create a climate of confidence
proposer { un train une batterie } de adopter { une série } mesures un ensemble }	to put forward } a package to adopt } of reforms
les coffres *m* de l'Etat	coffers of the state
les deniers publics	public purse
diminuer réduire } les dépenses comprimer } publiques réduire le train de vie de l'Etat	to trim, cut public spending
une diminution une réduction } des dépenses une compression } publiques une contraction	cutbacks in public expenditure
des coupes { dans franches } les draconiennes } depenses drastiques } publiques	clean } cuts in public draconian } expenditure drastic
des contraintes *f* } budgétaires des restrictions *f*	budgetary constraints restrictions
des budgets de plus en plus étriqués	increasingly tight budgets
une réduction des effectifs *m* dans le secteur public	public sector staff reductions
une suppression de postes *m* dans la fonction publique	job losses in the public service
l'Etat-patron	state as public employer
l'Etat-puissance publique	state as public authority
la tutelle de l'Etat	state tutelage
l'aide *f* étatique	state aid

la politique fiscale du gouvernement	**taxation/fiscal policy of the government**
le fisc	Inland Revenue

la fiscalité	tax system
la fiscalité ⎱ l'imposition ⎰	taxation
la ponction fiscale ⎱ le prélèvement fiscal ⎰	tax levy
prélever des impôts *m* 　　　　une taxe	to levy taxes 　　　　a tax
la pression fiscale ⎫ le fardeau fiscal ⎪ les charges fiscales ⎬ la charge de l'impôt ⎪ le poids de la fiscalité ⎭	tax burden
les recettes ⎱ fiscales les rentrées ⎰	tax revenue
l'année fiscale	tax year
les petits ⎱ contribuables les gros ⎰	low ⎱ taxpayers high ⎰
l'IGF = Impôt sur les grosses 　　fortunes	wealth tax
le percepteur des impôts	taxman, tax collector
l'inspecteur des impôts	tax inspector
la perception des impôts	tax office
la fraude fiscale	tax evasion
les fraudeurs du fisc	tax evaders
l'allègement *m* de la fiscalité ⎫ 　　　　　　　　fiscal ⎬ 　　　　　　　　des impôts ⎭	reducing the tax burden
une réduction ⎱ des impôts une diminution ⎰	tax cuts
accorder des mesures fiscales ⎱ 　　　　des avantages fiscaux ⎰	to grant tax incentives
l'alourdissement *m* de la fiscalité	increasing the tax burden
une augmentation ⎫ une hausse ⎬ des impôts un accroissement ⎭	tax increases
les contributions directes 　　　　　　　indirectes	direct ⎱ taxes indirect ⎰
la TVA = Taxe à la valeur 　　ajoutée	VAT = value added tax
soumis à la TVA	subject to VAT
exempt de TVA	exempt from VAT
l'assiette *f* de l'impôt	basis of assessment for taxation
être assujetti à l'impôt	to be liable to taxation
l'assujettissement à l'impôt	tax liability
l'impôt direct sur le revenu	income tax

l'impôt progressif	graduated tax
le barème de l'impôt sur le revenu	income tax rates
le revenu imposable	taxable income
faire sa déclaration de revenus ⎫ remplir sa déclaration d'impôts ⎭	to send ⎫ one's tax return to fill in ⎭
payer le tiers provisionnel	interim payment of tax
la retenue (de l'impôt) à la source sur salaire *m*	Pay As You Earn tax system
le seuil minimum d'imposition	tax threshold
le taux/le pourcentage d'impos-ition minimale/maximale	basic ⎫ rate of taxation highest ⎭
les tranches *f* d'imposition du revenu	income tax brackets
tomber dans une tranche	to pay tax
supérieure	at a higher rate
inférieure	at a lower rate
la diminution des tranches de l'impôt sur le revenu	lowering of the income tax rates
bénéficier d'avantages fiscaux	to be entitled to tax advantages
de mesures fiscales (avantageuses)	concessions
bénéficier d'un abattement fiscal ⎫ d'impôts ⎭	to be entitled to tax allowance
l'abattement *m* à la base	basic personal allowance
bénéficier d'un dégrèvement fiscal	to be entitled to tax relief
d'une déduction d'impôts	to tax deduction
d'une exonération fiscale/d'impôts	to tax exemption
être exempt ⎫ de être exonéré ⎭	to be exempt from
une exemption ⎫ d'impôts une exonération ⎭	tax exemption
les impôts locaux ⎫ les taxes locales ⎭	local taxes
l'impôt foncier	property tax
l'impôt sur les bénéfices *m* sur les sociétés *f*	corporation tax
les droits (m) de succession *f*	death duties
l'impôt sécheresse *f* (exceptionnel)	special drought tax

la politique extérieure	foreign policy
les DOM = Départements *m* d'outre-mer: la Martinique, la Guyanne, la Guadeloupe, la Réunion, St Pierre-et-Miquelon	overseas 'départements'
les TOM = Territoires *m* d'outre-mer: la Nouvelle-Calédonie, Wallis et Futuna, la Polynésie française, les Terres australes et antarctiques françaises, Mayotte	overseas territories
le ministère des Affaires étrangères	Ministry for Foreign Affairs
la politique outre-Manche	relations with Britain
la politique outre-Rhin	relations with Germany
la politique outre-Atlantique	relations with the USA
l'atlantisme *m*	support for the Atlantic Alliance
une politique atlantiste	policy of support for the Atlantic Alliance
conclure un traité	to conclude a treaty
avoir des pourparlers *m* avec	to have a round of talks with
une ambassade	embassy
un ambassadeur	ambassador
les grandes puissances	Great Powers
les superpuissances *f*	superpowers
la course aux armements *m*	arms race
l'équilibre des forces *f*	balance of power
la force de frappe française	French nuclear strategy
la force de dissuasion *f* nucléaire indépendante	independent nuclear deterrant
le désarmement unilatéral multilatéral	unilateral } disarmament multilateral
la guerre nucléaire	nuclear war
une base nucléaire	nuclear base
des essais *m* nucléaires	nuclear tests
le bouclier spatial IDS (= Initiative de défense *f* stratégique)	SDI (= Strategic Defense Initiative) space shield
les arsenaux *m* nucléaires	nuclear arsenals
une ogive nucléaire	nuclear warhead
un missile de croisière *f*	cruise missile
la guerre chimique	chemical warfare
le programme spatial	space programme
une fusée	rocket

la navette spatiale	space shuttle
la sonde spatiale	space probe
le lancement d'un satellite	launching of a satellite
les rapports internationaux	international relations
prendre des sanctions économiques contre	to take economic sanctions against
les conflits régionaux	regional conflicts
les points chauds / les régions *f* néuralgiques } du monde	sensitive areas in the world
la CEE = Communauté économique européenne	EEC = European Economic Community
le Marché commun / l'Europe des douze }	Common Market
les pays industrialisés	industrialised countries
le tiers monde	Third World
les pays sous-développés	underdeveloped countries
les PVD = Pays en voie *f* de développement *m*	developing countries
les pays non alignés	non-aligned countries

la Défense nationale

national defence

l'indépendance nationale	national independence
le président est le chef des armées *f*	the president is the head of the armed forces
les forces armées	armed forces
un défilé militaire	military parade
le service national	national service
faire son service militaire	to do one's national service
être appelé sous les drapeaux *m* / être incorporé }	to be called up
bénéficier d'un sursis d'incorporation *f*	to be granted deferment of enlistment
un objecteur de conscience *f*	conscientious objector
la coopération	equivalent of Voluntary Service Overseas, which can be undertaken instead of military service
les coopérants	people serving on this kind of VSO

la vie économique du pays
the economic life of the country
l'économie f *d'un pays/les différents secteurs d'activité* f
economy of a country/different sectors of the economy

le secteur primaire:	**primary sector:**
l'agriculture, la pêche, la forêt	**agriculture, fishing, forestry**

l'exode rural — drift from the land

les agriculteurs
les fermiers
les paysans ⎫ français(e) — French farmers, farming
la paysannerie ⎬ community
les exploitants (m)
  agricoles ⎭

les gros exploitants — important farmers
les petits exploitants — small farmers, smallholders

une ferme ⎫
une exploitation agricole ⎬ farm

une grosse exploitation — large farm
une petite exploitation — smallholding
un ouvrier agricole — agricultural worker
les cultivateurs — farmers
les éleveurs — cattle breeders
l'élevage *m* — cattle breeding
le bétail — livestock
une récolte — crop
la culture des céréales *f* — cereal farming
le blé — wheat
le maïs — corn
l'orge *f* — barley
l'avoine *f* — oats
le riz — rice
la vigne — vine
un vignoble — vineyard
les vendanges *f* — grape harvest

le mécontentement des
  agriculteurs ⎫
la colère verte ⎬ farmers' discontent

la PAC = Politique agricole commune l'Europe verte	CAP = Common Agricultural Policy
les montants *m* compensatoires monétaires	monetary compensation amounts
les quotas laitiers	milk quotas

le secteur secondaire: l'industrie *f*   **secondary sector: industry**

les matières premières	raw materials
l'enchérissement *m* } du coût des matières premières le renchérissement }	increase in the cost of raw materials
le tissu industriel	industrial fabric
l'appareil industriel	industrial base, infrastructure
la production industrielle	industrial production
les coûts *m* de production	production costs
le PIB = Produit intérieur brut	GDP = gross domestic product
le PNB = Produit national brut	GNP = gross national product
l'accélération *f* de la production	speeding up of production
accélérer	to speed up
le ralentissement de la production	slowdown in production
ralentir	to slow down
les industries touchées par la crise	industries affected by the crisis
les moyens *m* de production	means of production
la modernisation de l'appareil de production	modernisation of production equipment
l'automatisation *f*	automation
la force *f* de frappe industrielle	industrial strength, power
les performances industrielles	industrial/company performance
le rendement	output
la productivité (du travail)	productivity (of work)
à haut rendement	with high output
à faible rendement	with low output
le secteur énergétique	energy sector
la houille } le charbon }	coal
l'industrie charbonnière } houillère }	coal-mining industry
les Charbonnages *m* de France	French Coal Board
le gaz	gas

le pétrole ⎫ l'or noir ⎭	crude oil
un gisement	deposit
une plate-forme pétrolière	oil rig
les crises pétrolières	oil crises
la dégringolade ⎫ des prix *m* du l'effondrement *m* ⎭ pétrole	collapse of oil prices
la chute du prix du baril de brut *m*	falling price of crude oil, per barrel
la manne pétrolière de la France	French government's savings thanks to falling price of oil
la facture pétrolière de la France	France's crude oil bill
la facture énergétique	total cost of energy
les produits pétroliers	oil products
les carburants *m*	different varieties of petrol
l'essence (auto) *f*	petrol (for cars)
le prix de l'essence à la pompe	pump price of petrol
le fuel/fioule domestique	heating oil
l'hydro-électricité *f* ⎫ la houille blanche ⎭	hydro-electricity
l'énergie nucléaire	nuclear energy
une centrale nucléaire	nuclear power station
une usine de retraitement *m* nucléaire	nuclear reprocessing plant
les déchets radioactifs	radioactive waste
l'industrie métallurgique ⎫ la métallurgique ⎭	metal industry
l'industrie sidérurgique ⎫ la sidérurgie ⎭	iron and steel industry
le (minerai de) fer	iron ore
l'acier *m*	steel
une aciérie	steelworks
l'aluminium *m*	tin
l'industrie ⎫ automobile la construction ⎭	car industry
l'industrie aéronautique	aeronautic, aircraft industry
l'industrie aérospatiale	aerospace industry
la construction navale	shipbuilding
un chantier naval	shipyard
les industries mécaniques	mechanical, engineering industries
les machines *f* -outils *m*	machine-tools
l'industrie électrique et électronique	electric and electronic industry

la robotique	robotics
l'informatique *f*	computer technology
la micro-informatique	microcomputer technology
une entreprise informatisée	computerized firm
un ordinateur	computer
un mini-ordinateur	mini-computer
un micro-ordinateur	micro-computer
un terminal d'ordinateur	computer terminal
une puce électronique ⎫ d'ordinateur ⎭	microchip
un microprocesseur	microprocessor
un logiciel *m* d'ordinateur	computer software
les données *f*	data
une machine de traitement *m* de texte *m*	word-processor
la télématique	telecommunications
l'industrie chimique	chemical industry
la pétrochimie	petrochemical industry
l'industrie textile	textile industry
la laine	wool
le coton	cotton
la soie	silk
les fibres *f* chimiques et synthétiques	chemical and synthetic fibres
l'industrie de l'habillement *m* ⎫ la confection ⎭	clothing industry
la branche ⎫ Bâtiment *m*-Travaux le secteur ⎭ publics (BTP)	building industry and public works
les grands travaux publics	important public works
un chantier	work-yard, work-site
un entrepreneur (en bâtiment)	(building) contractor
la sous-traitance	subcontracting
un sous-traitant	subcontractor
l'industrie agro-alimentaire ⎫ l'agro-alimentaire *m* ⎭	food industry based on agriculture
l'industrie de la transformation alimentaire	food-processing industry
l'industrie de la conserverie	canning industry
les produits laitiers	dairy products
une brasserie	brewery
une usine ⎫ une fabrique ⎬ une manufacture ⎭	factory
le secteur manufacturier	manufacturing sector

les produits } manufacturés les biens }	manufactured goods
les installations f d'une usine } une unité de production }	factory plant
un atelier	workshop
un entrepôt	warehouse
les industries induites	related industries
les industries } les technologies f } de pointe f	leading industries technologies
un produit } un article } une marchandise }	commodity
les marchandises	goods
un produit haut de gamme f milieu de gamme bas de gamme	top of the range } middle of the range } product bottom of the range }
un créneau pour un produit	ready market for a product
un créneau d'avenir m	market with good potential
un secteur porteur	sector with good potential
le marketing/la mercatique	marketing
une étude de marché m	market study
lancer un nouveau produit sur le marché	to launch a new product on the market
percer } faire une percée } dans le brèche } marché	to break into the market
gagner } des parts f de conquérir } marché	to gain a larger share of the market
pénétrer les marchés étrangers	to penetrate foreign markets
la pénétration des marchés étrangers	penetration of foreign markets
une bonne percée dans les autres pays } à l'étranger m } hors } frontières f }	successful penetration of foreign markets
à l'échelle mondiale	on a world-wide scale
une puissance mondiale	world power
importer	to import
les importations f	imports
les quotas m à l'importation	import quotas
exporter	to export
les exportations f	exports
s'implanter (à l'étranger)	to set up (abroad)
l'implantation f d'industries (à l'étranger)	setting up of industries (abroad)

la pénétration étrangère	market penetration by foreign companies
les barrières *f* douanières	tariff barriers

le secteur tertiaire: les services *m* / tertiary sector: service industries

les prestations *f* de services	services
les prestataires *m* de services	people who supply services
les transports *m*	transport
les PetT ⎫ = Postes *f* et les PTT ⎭ Télécommunications	Post and Telecommunications
les employés des Postes ⎫ ⎭ PTT	postal workers
le réseau téléphonique	telephone network
le Minitel	telephone computer terminal
l'industrie du tourisme	tourist industry
l'industrie hôtelière	hotel industry
le commerce	commerce
les fournisseurs	suppliers
la vente en gros *m* ⎫ le commerce de gros ⎭	wholesale trade
la vente au détail *m* ⎫ le commerce de detail ⎭	retail trade
un intermédiaire	middleman
la vente par correspondance *f* (VPC)	mail order sales
le petit commerce ⎫ les petits commerçants ⎭	small traders
les grands magasins	department stores
les grandes surfaces ⎫ les supermarchés *m* ⎭	supermarkets
les hypermarchés *m*	hypermarkets
un centre commercial	shopping centre
une galerie marchande	shopping arcade
des points *m* de vente	sales outlets
le service après-vente (SAV)	after-sales service
un démarcheur	door-to-door salesman
les VRP = voyageurs de commerce representants et placiers	travelling salesmen, representatives
une compagnie d'assurances *f*	insurance company
un courtier en assurances	insurance broker
contracter ⎫ une (police d') souscrire à ⎭ assurance	to take out an insurance policy

[27]

le monde de la finance	the world of finance
les milieux financiers	financial circles
le marché financier	financial stock market
le marché de l'or du métal fin }	gold market
la Bourse des valeurs *f*	French Stock Exchange
la corbeille	stockbrokers' central enclosure (in the Paris Stock Exchange)
à la Bourse } à la corbeille	on the Paris Stock Exchange
les marchés boursiers	stock, share markets

un marché boursier ferme }
             alerte
             actif
	buoyant share market

un marché boursier calme } stagnant	sluggish share market
un marché orienté à la hausse	rising market, bull market

une tendance à la hausse de la
  Bourse
	rising trend of the Stock
	  Exchange

un marché orienté à la baisse	falling market, bear market

une tendance à la baisse de la
  Bourse
	falling trend on the Stock
	  Exchange

l'indicateur *m* de tendance *f*	*Financial Times* index
les marchés boursiers s'envolent flambent	stock markets are soaring
une envolée } des marchés une flambée une flambée de hausse à la Bourse	soaring trend of the markets
les marchés boursiers s'effritent	stock markets are falling
un effritement des marchés	falling trend of the markets
les transactions boursières	share dealings
la séance boursière	Stock Exchange session
les valeurs mobilières (actions *f* et obligations *f*) les titres *m*	securities, stocks and shares

une forte hausse }
      baisse } des valeurs
	sharp rise }
	     drop } in share prices

les plus-values *f* sur les cours *m* des actions	increases in the prices of shares
un tassement des valeurs	levelling-off in share prices
les valeurs sont en chute *f* libre	share prices are falling sharply
une action	share
un actionnaire	shareholder

les porteurs d'actions } d'obligations }	shareholders
les petits porteurs } les gros porteurs }	small } shareholders big }
un portefeuille	portfolio
boursicoter	to speculate on the Stock Exchange
les boursicoteurs	small-time speculators
l'actionnariat *m*	shareholding, share-ownership, mass of shareholders
l'actionnariat populaire	popular share-ownership
le capitalisme populaire	popular capitalism
une obligation	bond, debenture
la cotation en Bourse	quoting on the Stock Exchange
être coté en Bourse } à la Bourse }	to be quoted on the Stock Exchange
un agent de change *m*	stockbroker
un cambiste	foreign exchange broker
le marché cambiste } le marché des changes }	foreign exchange market
le taux de change	foreign exchange rate
le contrôle des changes	exchange controls
l'assouplissement *m* du contrôle des changes	relaxation of exchange controls
la levée } du contrôle la suppression } des changes	lifting of exchange controls
le rétablissement du contrôle des changes	reimposition of exchange controls
une monnaie étrangère } des devises étrangères }	foreign currency
la devise américaine } le billet vert }	American dollar
les fluctuations *f* du franc	fluctuations of the franc
le cours du franc à monté } par s'est redressé } rapport s'est resaisi } au dollar	the franc has risen against the dollar
le franc est en net progrès	the franc has risen sharply against the dollar
le cours du franc a baissé } le franc est en retrait *m* }	the rate of the franc has fallen
le cours du franc a chute a dégringolé } s'est effondré }	the rate of the franc has fallen sharply/has plummeted
le franc a perdu du terrain	the franc has lost ground

un léger fléchissement du franc	slight fall of the franc
le franc à la dérive	sliding value of the franc
la baisse le recul le repli } d'une l'érosion *f* } monnaie la dépréciation	fall of a currency
la hausse } le progrès } d'une monnaie	rise of a currency
la cherté d'une monnaie/d'une devise	high cost of a currency
la (très) bonne tenue du franc	strength of the franc, the franc is resilient
la dévaluation } la réévaluation } d'une monnaie	devaluation } revaluation } of a currency
le réajustement des parités *f* dans le cadre du SME (= Système monétaire européen), le réaménagement monétaire au sein du SME	realignment of parities/currencies within the EMS (= European Monetary System)
en monnaie constante en francs constants en termes réels	in real terms
en monnaie courante en francs courants	at current prices
le marché de l'immobilier *m*	property market
les placements immobiliers	property investments
les investissements fonciers	investment in land and property
les placements- refuges *m* } l'or, la les valeurs *f* } pierre, la refuges } terre, les diamants—	safe investments: gold, property, land, diamonds
des placements sûrs } des valeurs sûres }	safe investments
la richesse nationale } le patrimoine national }	national assets
la redistribution des richesses *f*	redistribution of wealth
le secteur bancaire	banking sector
emprunter à	to borrow from
prêter à	to lend
un prêt bancaire	bank loan

un prêt au logement ⎫ un prêt hypothécaire ⎬ un emprunt immobilier ⎭	home loan, mortgage
l'Aide personnalisée au logement (APL)	individualised home loan schemes
les remboursements *m*	repayments
l'achat *m* à credit/à tempérament	credit purchase/p. on easy terms
la vente à crédit/à tempérament	credit sale/sale on easy terms
l'achat ⎫ la vente ⎬ au comptant	cash purchase
une carte de crédit	credit card
l'encadrement *m* du crédit	credit restrictions
le taux d'escompte *m* ⎫ le(s) taux d'intérêt *m* ⎬ le loyer de l'argent *m* ⎭	interest rate(s)
le rendement	return, yield
le taux de base des banques *f* ⎫ bancaire ⎭	bank base lending rate
le taux d'usure *f* = taux d'intérêt maximum autorisé en France	maximum interest rate allowed in France
une baisse ⎫ une diminution ⎬ des taux un recul ⎬ d'intérêt une désescalade ⎭	cut in interest rates
une hausse ⎫ une augmentation ⎬ des taux une escalade ⎭ d'intérêt	rise in interest rates
avoir un compte en banque	to have a bank account
une succursale de banque	branch of a bank
un compte courant/à vue *f*	current account
verser de l'argent sur son compte	to pay a sum of money into one's account
le versement d'une somme (sur un compte)	payment of a sum into an account
un virement bancaire	credit transfer
payer par virement automatique	to pay by standing order
toucher ⎫ encaisser ⎬ un chèque	to cash a cheque
l'épargne *f* ⎫ les économies *f* ⎭	savings
l'épargne des ménages *m* ⎫ des particuliers ⎭	personal/individual savings
faire des économies	to save money
un bas de laine *f*	nest-egg
placer son argent à la caisse d'épargne	to invest one's money in a savings bank

un livret de caisse d'épargne ⎫ un compte sur livret ⎭	savings account
l'épargne-logement *m*	savings account for home purchase
les petits épargnants	small investors
les gros épargnants	large investors
détenir ⎫ des capitaux *m* posséder ⎭	to own, hold capital
les gros détenteurs ⎫ de 　　posseseurs ⎭ capitaux	large holders of capital
thésauriser	to hoard money
la thésaurisation	building up of capital
la masse monétaire	money supply, money in circulation
la masse budgétaire ⎫ le budget ⎭	the Budget
les postes *m* prioritaires de la masse budgétaire	priority sectors of the Budget
les crédits *m* budgétaires	budget allocation
le collectif budgétaire ⎫ la loi de finances *f* ⎭	Finance Bill
la balance des 　paiements *m* ⎫ 　comptes *m* ⎭ est	the balance of payments is . . .
bénéficiaire excédentaire dégage un excédent (de) enregistre un excédent (de) ⎭	in surplus (by)
le solde de la balance 　commerciale ⎫ est 　du commerce ⎭	the balance of trade is
déficitaire révèle un déficit (de) ⎫ enregistre un déficit (de) ⎭	in deficit (by)
le déficit budgétaire	budgetary deficit
rétablir l'équilibre *m* de la balance des paiements	to bring the balance of payments back into equilibrium
le redressement de la balance 　　　　　commerciale ⎭	recovery of balance of trade
des échanges 　　　　extérieurs ⎭	recovery of foreign trade
la charge de la dette publique	cost of national debt/of public borrowing
le creusement de la dette extérieure	increase in foreign debt

[32]

le lancement ⎱ d'un emprunt l'émission *f* ⎰ d'Etat	issuing of a public/government loan

le monde des affaires *f* — **world of business**

une entreprise ⎫ une compagnie ⎬ une société ⎭	firm, business, company
une boîte (familier)	firm (coll.)
un chef ⎱ d'entreprise un dirigeant ⎰	head of a company
la maison-mère ⎱ la société-mère ⎰	parent house, head office
une filiale	subsidiary
l'entreprise privée	private enterprise
l'esprit *m* d'entreprise ⎱ d'initiative *f* ⎰	entrepreneurial spirit, individual initiative
le capitalisme à risques *m*	venture capitalism
les affaires *f* marchent bien	business is going well
les affaires ne marchent pas	business is not going well
les affaires périclitent	business is in serious decline
une fermeture d'usine *f*	factory closure
les entreprises publiques ⎫ nationalisées ⎬ le secteur public, nationalisé ⎭	public, nationalized sector
les agents *m* du secteur public	public sector employees
une régie d'Etat	state-owned company
une production en régie	production under state control
les entreprises privées ⎱ le secteur privé, concurrentiel ⎰	private, competitive sector
nationaliser	to nationalize
la nationalisation	nationalization
dénationaliser	to denationalize
la dénationalisation	denationalization
privatiser	to privatize
la privatisation	privatization
monter ⎫ créer ⎬ sa propre mettre sur ⎬ entreprise pied ⎭ s'installer ⎱ à son compte s'établir ⎰	to set up one's own business
un créateur d'entreprise	sb starting his own business
le capital	capital
l'actif *m*	assets

le passif	liabilities
l'image *f* de marque *f* d'une entreprise	public image of a firm
une entreprise performante	high-performing firm
de haut rendement	firm with high output
des périodes de pointe *f*	peak periods
des périodes creuses	low, off-peak periods
la baisse la diminution ⎱ des carnets *m* de la contraction ⎰ commandes *f* la chute	falling order books
la reprise ⎱ des commandes la remontée ⎰	improvement in order books
le chiffre d'affaires (= CA)	turnover
faire faillite *f*	to go bankrupt
déposer son bilan	to go into liquidation
un dépôt de bilan	liquidation statement
les rachats *m* de compagnies *f*	company takeovers
une OPA = Offre publique d'achat *m*	takeover bid
une OPV = Offre publique de vente *f*	public share offer
une fusion	merger
la gestion d'une entreprise	running, administration of a firm
gérer	to run, administer
bien géré	well run
mal géré	badly run
un gestionnaire	administrator
l'autogestion *f*	self-management
le gérant d'un magasin	manager of a shop
un PDG ⎱ = Président-un pédégé ⎰ directeur général	managing director
la direction générale	general management
le conseil d'administration *f*	Board of directors
le bilan (financier)	(financial) balance sheet
un rapport	report
rentable	profitable
le taux de rentabilité *f*	level of profitability
l'économie de marché *m*	market economy
le libéralisme économique	free market economy
la loi du marché	law of the market-place
la libre entreprise	free enterprise
la concurrence économique	economic competition
la libre concurrence ⎱ la concurrence sauvage ⎰	free ⎱ ruthless ⎰ competition

un concurrent	competitor
la compétitivité des produits français	competitivity of French products
des prix compétitifs ⎫ concurrentiels ⎬	competitive prices
le prix de revient *m*	cost price
les frais généraux	overhead expenses
le(s) bénéfice(s) *m* ⎫ le profit ⎬	profit
les marges *f* bénéficiaires	profit margins
réaliser des bénéfices ⎫ des profits ⎬	to make profit
le partage des ⎫ la participation aux ⎬ bénéfices	profit sharing
l'intéressement *m* des salariés aux bénéfices	employee profit-sharing
les comptes *m* d'une entreprise	books, accounts of a firm
les dépenses *f* et les recettes *f*	income and expenditure
le coût de la main d'oeuvre ⎫ les coûts salariaux ⎬	labour costs
la masse salariale	aggregate remuneration of all employees in a firm
les coûts de fonctionnement *m*	running costs
des dépenses d'investissement *m*	investment expenditure
investir des capitaux dans une affaire	to invest money/capital in a business
encourager les investissements	to spur investment
une baisse ⎫ des une reprise ⎬ investissements	a fall ⎫ in investment an upsurge ⎬
régler une facture	to settle an invoice
une ardoise (familier)	debt, unpaid bill (coll.)
avoir une ardoise de ... francs	to have ... francs on the slate
des subventions/aides gouvernementales ⎫ des subsides gouvernementaux ⎬	State subsidies
subventionner ⎫ subsider ⎬	to subsidy
allouer des crédits *m* ⎫ des fonds *m* ⎬	to allocate funds
la restructuration de l'économie	reconstruction of the economy
les reconversions ⎫ industrielles les restructurations ⎬ le redéploiement industriel	industrial reconstruction, regeneration
des mesures *f* d'innovation *f*	innovatory measures
le mécénat d'entreprise	firm sponsorship

le parrainage le sponsoring } d'une entreprise	sponsorship of a firm
être parrainé être sponsorisé } par	to be sponsored by
un parrain	a 'godfather'

la conjoncture économique — economic situation

la conjoncture actuelle	present circumstances, climate

la conjoncture s'est améliorée
          s'est aggravée
	the situation has improved
	          has deteriorated

une période
  de croissance *f*
  d'expansion *f* } économique
  d'essor—
	period of economic growth

les 'Trente Glorieuses' =
  periode d'expansion de
  l'économie française de 1945
  à 1975
	period of growth for French
	  economy from 1945 to 1975

une période de stagnation *f*
          de marasme *m*
          de récession *f* }
	period of economic
	  stagnation/recession

la stagflation	stagflation
des hauts *m* et des bas *m*	ups and downs
la crise économique	economic crisis
les perspectives *f* économiques	economic outlook

les indicateurs économiques sont
  au vert/au rouge
	economic indicators are favourable/
	  unfavourable

relancer
stimuler
(re)vivifier
(re)dynamiser } l'économie,
donner un coup } la machine/
  de pouce à } l'activité
donner un coup } économique
  d'accélérateur à
	to boost, revitalise the economy

redonner du tonus à donner un coup de fouet à }	to give a fillip to the economy
stimuler la demande	to stimulate, boost demand
la relance } de l'économie, la reprise } de la machine/ le redressement } l'activité le redémarrage } économique	economic revival
redresser la situation financière	to put the financial situation to rights

un plan de redressement de l'économie / de rétablissement économique	plan for recovery of the economy
un plan d'assainissement financier	plan for financial reinvigoration
une décélération de l'économie	slowing down of the economy
un ralentissement / un fléchissement / une détérioration } de la croissance	slowing down of growth
accélérer / favoriser } la croissance	to speed up growth
une reprise de la croissance	resumption of growth
le taux de croissance (annuel)	(annual) growth rate
un niveau de croissance élevé/bas	high/low level of growth
la société de consommation *f*	consumer society
les biens *m* de consommation	consumer goods
les consommateurs	consumers
la consommation des ménages *m* / des particuliers *m*	individual consumer spending
l'accroissement *m* / la hausse / l'augmentation *f* } de la consommation	increase in consumption
la consommation piétine	consumption is at a standstill
le fléchissement / la baisse / la diminution } de la consommation	drop in consumption
la hausse / l'augmentation / le renchérissement } des prix *m*	rise in prices
l'escalade *f* / le dérapage } des prix	soaring prices
l'envolée des étiquettes *f*	price labels
la majoration / le relèvement } des prix	raising of prices
en hausse / en augmentation }	rising
la baisse / la diminution / la décrue / la dépréciation / la désescalade } des prix	drop in prices
en baisse / en diminution }	dropping

[37]

majorer relever } les prix (de)		to put up prices (by)
diminuer baisser } les prix (de)		to lower prices (by)
augmenter croître } (de) s'accroître		to go up (by)
baisser subir une baisse } (de) diminuer		to go down (by)

l'indice des prix à la   retail price index
    consommation

l'indexation *f* des prix   index-linking of prices
le contrôle des prix   price controls
la libération des prix   lifting of price controls
la liberté des prix
         des étiquettes *f*   prices are free

les salaires sont indexés   wages are index-linked
           désindexés   deindexed from prices
la désindexation des salaires }
              salariale }   end to index-linking of wages

les prix et les salaires sont gelés/   prices and wages are frozen
    bloqués

le gel } des prix et
le blocage } des salaires   price and wage freeze

une tendance inflationniste   inflationary trend
la dérive des prix   prices getting out of control
l'emballement *m* }
le dérapage } des prix   soaring of prices
le dérapage inflationniste   soaring of inflation
l'inflation galopante   galloping inflation
l'envolée *f* }
la montée en flèche } des prix   rocketing prices, price spiral
la chute des prix   sharp fall in prices
le marché de l'offre *f* et de la   supply and demand market
    demande
le gonflement de la   increase in
    demande intérieure   domestic demand
           extérieure   foreign demand
une politique de lutte contre   policy of struggle against
    l'inflation/anti-inflation   inflation
des mesures *f* anti-inflationnistes   measures against inflation

maîtriser enrayer résorber } l'inflation contenir endiguer	to curb, tame inflation
la maîtrise la conquête } de l'inflation	conquest of inflation
réduire l'inflation	to bring inflation down
une embellie de l'inflation	improvement in inflation
relancer faire repartir } l'inflation	to set off inflation again
la déflation mondiale	world deflation
une politique des mesures } déflationniste(s)	deflationary policy measures
le coût de la vie	cost of living
le niveau de vie	standard of living
le pouvoir d'achat *m*	purchasing power
le maintien du pouvoir d'achat	maintenance of purchasing power
l'effritement *m* le rétrécissement } du pouvoir l'érosion *f* } d'achat	erosion of purchasing power
l'amputation *f* du pouvoir d'achat	drastic reduction in purchasing power
se mettre la ceinture	to tighten one's belt

la vie active	working life
le milieu de travail ⎫ le milieu professionnel ⎭	world of work, working environment
sur le plan professionnel	in one's professional life
travailler à temps complet ⎫ à temps plein ⎭	to work full-time
à mi-temps	half-time
à temps partiel	part-time
les jours *m* ouvrables	working days
les jours ouvrés	days actually worked
les jours fériés	public holidays
les congés payés	paid holidays
pointer	to clock in/out
le pointage	clocking in/out
la pause déjeuner	lunch break
faire des heures sup(plémentaires)	to work overtime
le taux d'absentéisme *m*	rate of absenteism
le travail à domicile *m*	work from home
le travail temporaire ⎫ intérimaire ⎭	temporary work
les (travailleurs) intérimaires	temporary staff
le travail saisonnier	seasonal work
un contrat de travail à durée déterminée	fixed-term contract
le travail 'différencié' = les contrats à durée déterminée (CDD), le travail à temps partiel, le travail temporaire/en intérim/intermittent	fixed-term contracts, part-time work, temporary work
être vacataire	to be on a short-term contract
être titularisé	to become established, be granted tenure
chercher du travail ⎫ un emploi ⎪ être à la recherche d'un ⎬ emploi ⎭	to look for a job

trouver ⎫ un emploi obtenir ⎭	to find ⎫ a job to get ⎭
avoir un emploi stable	to have a steady job
la stabilité ⎫ la garantie ⎬ de l'emploi la sécurité ⎭	job security, security of tenure
cumuler des emplois	to have several jobs
le cumul des emplois	holding several jobs
les 'cumulards'	people who hold several jobs
un petit boulot (saisonnier)	small (seasonal) job
les emplois ⎫ les activités f ⎬ périphériques ⎫ les petitis boulots ⎭ ⎭	casual work/jobs
le travail au noir	moonlighting
le marché du travail	labour market
débarquer sur le marché du travail	to come onto the job market
le marché de l'emploi ⎫ de l'embauche f ⎭	employment market
la situation de l'emploi	employment situation
le plein-emploi	full employment
la crise de l'emploi	employment crisis
la pénurie d'emplois	shortage of jobs

les mesures f
  en faveur de l'emploi
  pour favoriser l'emploi
  pour améliorer l'emploi
  pour accélérer les embauches
	job creation schemes

le partage du travail	job sharing
les offres f d'emploi	situations vacant
les demandes f d'emploi	employment wanted
envoyer une candidature (pour un emploi)	to apply for a job
un formulaire de candidature	application form
avoir un entretien d'embauche f	to have a job interview
recruter du personnel	to recruit staff
le recrutement de personnel	recruitment of staff
former du personnel	to train staff
un plan de formation f	training programme
un stage de formation de perfectionnement m	training ⎫ course proficiency ⎭
se perfectionner	to improve oneself
la formation continue permanente	continuous reskilling, in-service training

se reconvertir ⎫ se recycler ⎭	to retrain
suivre des cours de recyclage *m* ⎫ 　　un stage de reconversion *f* ⎭	to go on a retraining course
un congé de reconversion	time off for retraining
les jeunes *m* en formation/sous contrat *m* de formation	young people on training schemes
la formation en alternance *f*/ alternée des jeunes en entreprise *f*	work experience for the young, day-release courses
les mesures *f* en faveur de l'emploi des jeunes ⎫ les contrats de formation pour les jeunes ⎬ le plan Jeunes ⎭	youth training schemes
entrer en apprentissage *m*	to go into apprenticeship
un apprenti	apprentice
les TUC = Travaux *m* d'utilité collective	community work schemes
les tucistes	young people carrying out this community work

la population active **les actifs**	**working population**
la population inactive/les inactifs	non-working population
les catégories ⎫ les couches ⎭ sociales	social categories 　　　strata
les catégories socio-professionnelles	socio-economic groups
la main d'oeuvre	workforce
la main d'oeuvre immigré	immigrant workforce
la main d'oeuvre qualifiée	skilled workforce
le surplus de main d'oeuvre	overmanning
la pénurie ⎫ le manque ⎭ de main d'oeuvre	labour shortage
le prolétariat ⎫ les prolétaires *m* ⎭	proletariat
le prolétariat	proletarianism
le personnel d'une entreprise	staff of a firm
les effectifs *m*	manning levels
les travailleurs	workers
les ouvriers (à la base)	shopfloor workers
les manoeuvres *m* ⎫ les travailleurs manuels ⎭	manual workers

le travail à la chaîne	assembly-line work
un OS = un ouvrier spécialisé } un ouvrier qualifié	skilled worker
un chef d'équipe *f*	team supervisor, foreman
d'atelier *m*	workshop supervisor
un contremaître	foreman
un agent de maîtrise/de production	supervisor
la maîtrise	supervisory staff
le travail posté } d'équipe	shiftwork
un poste de 8 heures	8-hour shift
faire les 3 × 8	to work three 8-hour shifts
les employés	employees
un employé de bureau	office worker
un fonctionnaire	civil servant
la fonction publique	civil service
les salariés } les agents du secteur public	public sector employees
un cheminot	railway worker
un ingénieur	engineer
l'encadrement *m*	training personnel
les cadres moyens	middle management
les cadres supérieurs	upper management
l'équipe de direction *f*	management team
le conseil d'administration *f*	board of directors
les professions *f* libérales (avocats, médecins, architectes . . .)	professions (barristers, doctors, architects . . .)
les travailleurs indépendants } les non-salariés	self-employed, freelance people
les commerçants *m*	shopkeepers
le petit commerce	small traders
les artisans *m*	craftsmen
l'artisanat *m*	cottage industry
le poujadisme	from Pierre Poujade, end of IVth Republic = conservative movement defending the interests of shopkeepers, craftsmen, consumers, small businessmen

les salaires *m*	wages, salaries
le barème l'éventail *m* la gamme l'échelle *f* } des salaires la hiérarchie la fourchetee	salary scale, range
un salaire un revenu un traitement } salary une rémunération	salary
les gros revenus les gens *m* en haut de } l'échelle des salaires	highly-paid people
les petits revenus les gens en bas de l'échelle des } salaires	low-paid people
gravir les échelons *m* de la hiérarchie	to climb the rungs of the hierarchy
obtenir une promotion	to gain a promotion
être promu (à un nouveau poste)	to be promoted (to a new appointment)
le salaire brut	gross salary
net	net salary
de base *f*	basic salary
un salaire de départ *m*	starting salary
d'arrivée *f*	top of the scale, maximum salary
un réajustement } un rajustement } des salaires	readjustment of salaries
rééchelonner les salaires	to restructure salaries, review pay structure
la grille des salaires/des rémunérations	salary structure
le GVT = Glissement *m* vieillesse *f* technicité *f*	system of automatic promotion within a firm
l'ancienneté *f*	length of service in a firm
l'échelle mobile	index-linking of salaries
une hausse une augmentation un relèvement } des salaires une revalorisation	pay rise, pay increase
un plafonnement des salaires	wages reaching a ceiling
un recul des salaires	fall in wages
le SMIC = Salaire minimum inter- professionnel de croissance *f*	minimum rate of pay, on an hourly base

les smicards	those who earn the SMIC
toucher gagner } le SMIC	to earn the SMIC
gagner sa vie	to earn one's living
gagner sa croûte (familier)	to earn one's bread and butter (coll.)
la paie hebdomadaire	weekly wages
la quinzaine	fortnightly wages
la feuille de paie	payslip
une prime une gratification }	bonus
le 13e mois	extra month's salary, Christmas bonus
des chèques-repas	luncheon vouchers
une prime de rendement *m*	profit-related, incentive bonus
l'intéressement *m* du personnel aux bénéfices *m*/résultats *m* de l'entreprise	employee profit-sharing
susciter la motivation des salariés	to take incentive measures motivating employees
la participation/l'association *f* du personnel aux décisions *f* de l'entreprise *f*	workers' participation/ involvement in the running of the company
le patron	boss, employer
le patronat	employers, management
les salariés le salariat }	salaried people, wage earners
la base salariale	shopfloor workers
les inégalités salariales	inequalities in salaries
les inégalités sociales	social inequalities

les grands syndicats français	**main French trade union organisations**
les grandes confédérations nationales	large national confederations
la CGT = Confédération générale du travail secrétaire général = Henri Krasuki les cégétistes = les membres/les adhérents de la CGT	(general workers' union)

la CFDT = Confédération française démocratique du travail secrétaire général = Edmond Maire les cédétistes = les membres/les adhérents de la CFDT	(democratic workers' union)
(CGT–)FO = CGT–Force ouvrière secrétaire général = André Bergeron	(workers' union)
la CFTC = Confédération française des travailleurs chrétiens président = Jean Bornard	(Christian workers' union)
la CGC = Confédération générale des cadres/la CGE = Confédération générale de l'encadrement — président = Paul Marchelli	(middle management union)
le CNPF = Conseil national du patronat français président = François Périgot = le "patron des patrons"	(equivalent of British CBI)
la FEN = Fédération de l'éducation nationale secrétaire général = Jacques Pommatau	(national teachers' union)
le SNI = Syndicat national des instituteur	(primary schoolteachers)
le SNES = Syndicat national de l'enseignement *m* secondaire	(secondary education)
l'UNEF = Union nationale des étudiants de France	(national students' union)
la FNSEA = Fédération nationale des syndicats d'exploitants *m* agricoles président = René Lacombe	(national farmers' union)

une confédération une centrale } syndicale une organisation	group of affiliated trade unions
la direction confédérale le bureau confédéral } d'un syndicat	trade union executive, executive council
l'intersyndicale *f*	joint union committee
les fédérations *f* d'industrie *f*: à l'intérieur d'une confédération, il y a plusieurs fédérations, correspondant aux différents secteurs de l'industrie	grouping on a national level of trade unions representing workers in a single industry
une section (syndicale)	branch, smallest grouping of trade unionists within a firm
la classe syndicale les milieux syndicaux	trade union circles
les syndicalistes	trade unionists
les leaders les chefs } syndicaux	trade union leaders
les responsables syndicaux	trade union officials
les délégués syndicaux	shopstewards
les permanents	full-time union officials
les militants syndicaux	trade union militants
le droit syndical	right to belong to a trade union
être syndiqué être membre d'un syndicat	to belong to a union
les membres d' les adhérents à } un syndicat les affiliés à	union members
s'affilier à s'adhérer à } un syndicat	to become a member of, to join a trade union
l'affiliation *f* à l'adhésion *f* à } un syndicat	joining a trade union, trade union membership
le système d'affiliation obligatoire	closed shop membership
le mouvement syndical le syndicalisme	trade unionism
l'action syndicale	trade union action
la "syndicratie"	trade union power
l'encadrement syndical	trade union leadership
un faible taux de syndicalisation *f*	low membership level
l'embrigadement syndical	'touting' for members
les effectifs ***m***	total number of members
la chute des effectifs la désyndicalisation	membership loss

les fonds syndicaux	trade union funds
la cotisation syndicale	annual subscription
cotiser	to pay one's subscription/dues
les cotisants	paying members
la carte syndicale (annuelle)	(yearly) union membership card
les douze timbres *m* mensuels de cotisation	twelve monthly subscription stamps

les conflits sociaux

industrial disputes, strife

le climat social	social climate
la paix sociale	industrial peace
l'agitation sociale	
les mouvements sociaux	industrial unrest
les turbulences sociales	
la trêve des confiseurs	Christmas/New Year political and industrial truce
la rentrée sociale	autumn (conference) season for trade unions
le mouvement ouvrier	working-class movement
une grève	strike
un mouvement de grève	strike action
le droit de grève	right to strike
un arrêt de travail *m* (par exemple de 24h)	stoppage of work, strike with time-limit (e.g. 24-hour strike)
déclencher un mouvement de grève	to take strike action
décider un arrêt de travail	
lancer un mot d'ordre *m* de gréve mobilisateur	to instruct members to take strike action
débaucher les ouvriers	to incite workers to strike
appeler les ouvriers à manifester	to call upon workers to demonstrate
annuler un ordre de grève	to call off a strike
reconduire une grève	to continue strike action
une grève (non)reconductible	strike action which can(not) be prolonged
être en grève	to be on strike
débrayer	
arrêter le travail	to stop work, come out on strike
se mettre en grève	
le débrayage	stoppage of work
les grévistes *m*	strikers
des grèves qui entravent / paralysent la vie du pays	strikes which hinder/paralyse the life of the country

la perturbation des services *m*	disruption of services
des perturbations	disruptions
perturber	to disrupt
des coupures *f* d'électricité *f* ⎫ de courant *m* ⎬	power cuts
une occupation d'usine *f*	factory sit-in
une grève illimitée	indefinite strike
tournante	strike by rota
perlée	go-slow, slowdown of production
surprise	lightning strike
sur le tas	down-tools strike
du zèle	work-to-rule strike
de solidarité *f*	sympathy strike
sauvage	unofficial, wildcat strike
générale	general strike
soutenir une grève de plusieurs semaines *f*	to keep up a strike for several weeks
des piquets *m* de grève	strike pickets
briser une grève	to break a strike
des briseurs *m* de grève	strike breakers
un jaune	scab, yellow
déposer un préavis de grève	to give strike notice
le vote à bulletin secret	secret ballot vote
revendiquer ⎫ une augmentation réclamer ⎬ de salaire	to claim a pay rise
les revendications *f* salariales	salary/pay claims
un cahier de revendications	package of claims
lancer une action revendicative	to start industrial action (in support of one's claims)
une journée d'action ⎫ revendicative ⎬	day of protest, of strike action
une situation conflictuelle	situation of conflict
un désaccord	disagreement
reprendre le travail	to resume work
la reprise du travail	resumption of work
la politique ⎫ le discours ⎬ social(e) le dialogue ⎭	industrial, social policy
les revendications contractuelles ⎫ les négociations contractuelles ⎪ la politique contractuelle ⎬ la négociation collective ⎭	collective bargaining
les conventions collectives	agreements between management and workers regulating conditions of work, collective agreements

les négociations *f* ⎫ les discussions *f* ⎪ les pourparlers *m* ⎪ les tractations *f* ⎬ patronat *m*– les consultations *f* ⎪ syndicats le dialogue ⎪ la concertation ⎭	talks between management and unions, industrial relations
une série de négociations	round of talks
les partenaires *m* sociaux	representatives from both sides of industry
l'impasse *f* dans les négociations	deadlock in negotiations
les négociations ont échoué	negotiations have failed
les négociations ont abouti à un accord	negotiations have ended in an agreement
les accords salariaux	wage settlements
le règlement des conflits du travail	settlement of industrial disputes
les discussions sur l'aménagement *m* du temps de travail	negotiations over flexible working hours
les horaires *m* souples ⎫ variables ⎪ flexibles ⎬ modulables ⎭	flexible hours
l'horaire à la carte	flexitime
la déréglementation des horaires	deregulation of working hours
la flexibilité de l'emploi du travail	flexibility of employment of work
les acquis sociaux ⎫ les conquêtes sociales ⎪ les droits acquis des ⎬ travailleurs ⎪ les acquis en matière de ⎭ garanties collectives	rights gained by workers over conditions of employment, labour laws
une législation et une réglementation sociales trop contraignantes	too-rigid labour laws
la déréglementation sociale	deregulation measures, removing of labour-market rigidities
la diminution du temps de travail	reduction in working hours
la semaine de travail de 39 heures (payées 40)	39-hour working week (paid for 40)
la cinquième semaine de congés payés	fifth week of paid leave
les congés payés de 5 semaines	5 weeks' paid holiday
la retraite à 60 ans	retirement age at 60

partir en retraite anticipée	to take early retirement
les comités *m* d'entreprise *f* paritaires	works' councils with equal representation of workers and management
les délégués ⎫ les représentants ⎬ du personnel	staff representatives
la législation ⎫ le Code ⎬ du travail	work legislation
l'inspecteur du travail	civil servant responsible for ensuring the implementation of satisfactory conditions of employment
l'Inspection *f* du travail	administration responsible for such supervision
le conseil des prud'hommes *m*	industrial tribunal
les élections *f* prud'hommales (pour élire les conseils des prud'hommes)	elections for industrial tribunals

le chômage — unemployment

être chômeur/chômeuse ⎫ être au chômage ⎬	to be unemployed
les chômeurs	the unemployed
les demandeurs d'emploi *m* ⎫ les chômeurs inscrits au chômage ⎬	registered unemployed
le chômage technique	lay-offs
partiel	temporary unemployment
de longue durée	long-term unemployment
est en hausse	unemployment is rising
a augmenté de . . .	has risen by . . .
est en baisse	is falling
a diminué de . . .	has fallen by . . .
l'accélération *f* ⎫ l'aggravation *f* ⎬ du chômage	rise in unemployment
la détérioration du marché de l'emploi	deterioration of employment market
la recrudescence du chômage	unemployment is on the increase again
une forte poussée du chômage	sharp rise in unemployment figures
les chiffres *m* du chômage connaissent un léger	slight pause in the rise of unemployment

tassement	
une baisse sensible ⎫ du	noticeable decline in
un recul sensible ⎬ chômage	unemployment figures
une décrue ⎭	
la courbe du chômage ⎫	downward trend of
commence à s'inverser ⎬	unemployment figures
l'infléchissement *m* de la ⎬	
courbe du chômage ⎭	
un léger mieux dans les ⎫	slight improvement in
chiffres du chômage ⎬	unemployment figures
une remontée de la courbe de ⎬	
l'emploi ⎭	
faire reculer le chômage	to cut back unemployment
endiguer le chômage	to curb unemployment
résorber le chômage	to reduce unemployment
	gradually
la résorption du chômage par la	gradual reduction of
création d'emplois	unemployment through job
	creation
les chiffres *m* du chômage en	seasonally-adjusted
données corrigées des	unemployment figures
variations saisonnières	
le nombre des chômeurs ⎫	
atteint le chiffre de . . . ⎬	
millions *f* ⎬	the number of unemployed is
le nombre des chômeurs ⎬	in the region of . . . million
avoisine les . . . millions ⎭	
le nombre des chômeurs a ⎫	
dépassé la barre des . . . ⎬	
millions ⎬	unemployment has gone beyond
le nombre des chômeurs a ⎬	the . . . million mark
franchi le cap des . . . millions ⎭	
s'inscrire à l'ANPE = Agence	to register at the Job Centre
nationale pour l'emploi *m*	
les bureaux *m* de l'ANPE	Job Centres
pointer à l'ANPE	to sign on at the ANPE regularly
le pointage des chômeurs	signing-on
les ASSEDIC = Associations *f*	unemployment benefit funds
pour l'emploi dans l'industrie *f*	bringing together
et le commerce = caisses *f*	contributions from employers
d'assurance *f* chômage qui	and employees
rassemblent les sommes	
versées par l'employeur et	
l'employé	
l'UNEDIC (= regroupement *m*	(regrouping on a national level
national des ASSEDIC) =	of the ASSEDIC) =

[52]

Union nationale pour l'emploi dans l'industrie et le commerce = organisme *m* paritaire patronat–syndicats qui verse les allocations *f* de chômage	organisation with equal representation of management and unions responsible for the payment of unemployment benefit
s'inscrire aux ASSEDIC	to register at the unemployment office
cotiser au chômage ⎫ 　　　aux ASSEDIC ⎭	to contribute to unemployment insurance
les cotisations *f* (de) chômage	unemployment contributions
l'indemnisation *f* du chômage	payment of unemployment benefit
les chômeurs sont indemnisés par l'ASSEDIC du lieu de domicile	unemployment benefit is paid by the ASSEDIC of the place of residence
toucher ⎫ percevoir ⎭ le chômage	to receive unemployment benefit
les allocations *f* ⎫ les indemnités *f* ⎬ (de) chômage les prestations *f* ⎭	unemployment benefit
l'allocation de base *f*	basic allowance
la garantie de ressources *f*	social security benefit
les chômeurs en fin de droits *m*	unemployed no longer entitled to unemployment benefit
des pertes *f* d'emplois *m*	job losses
des suppressions *f* d'emplois = départs *m* naturels qui ne sont pas remplacés	redundancies through natural wastage
des mises *f* en préretraite *f*	people being asked to take early retirement
être licencié ⎫ pour compression *f* se faire licencier ⎭ de personnel *m*	to be made redundant
des mises au chômage ⎫ des licenciements *m* ⎬ économiques ⎭	redundancies
les licenciés économiques	workers made redundant
un préavis de licenciement	redundancy notice
des licenciements massifs ⎫ un licenciement collectif ⎭	mass redundancies
une nouvelle ⎫ vague ⎬ de licenciements charrette ⎭	new wave of redundancies
des fermetures *f* d'usines *f*	factory closures
des licenciements abusifs	unfair dismissals

la liberté de licenciement	easing of restrictions on redundancies

toucher
  une prime ⎫ de licencie-
  une indemnité ⎭ ment
	to receive a redundancy payment, a golden handshake

licencier ⎫ débaucher ⎭ du personnel	to lay off staff
une politique de 'dégraissage' *m*	slimming of the labour force
une réduction ⎫ une diminution ⎭ des effectifs *m*	reduction in manning levels
des sureffectifs *m* ⎫ des effectifs pléthoriques ⎭	overmanning
congédier ⎫ renvoyer ⎬ du personnel virer (familier) ⎭	to sack employees
être congédié/renvoyé/viré ⎫ se faire congédier/renvoyer/ ⎬ virer ⎭	to be sacked
donner sa démission ⎫ démissionner (de) ⎭	to resign

le paysage scolaire/le système éducatif
educational system (French)

l'instruction *f* (publique)	(state) educational
le ministère de l'Education nationale	Ministry of Education
enseigner	to teach
les enseignants ⎱ le corps enseignant ⎰	teaching profession
le personnel enseignant	teaching staff
une crèche	creche
un jardin d'enfants *m*	kindergarten
une jardinière d'enfants	kindergarten teacher
l'éducation maternelle	nursery education
une école maternelle	nursery school
être scolarisé	to go to school, be provided with schooling
la scolarisation des enfants	going to school, being provided with schooling
une école mixte	co-educational school
la mixité à l'école	co-education
l'école communale	local primary school
l'école républicaine ⎱ publique ⎰	state schools, state system
une école publique ⎱ d'Etat ⎭ laïque ⎰	non-denominational, state school
l'enseignement laïque	non-denominational, secular education
la laïcité de l'enseignement	non-denominational, secular nature of state education
le secteur public ⎱ l'enseignement public ⎰	state sector/education
la gratuité de l'enseignement public	free state education
le sectur privé ⎱ l'enseignement privé ⎰	private sector/education

la querelle public–privé la guerre du privé	public–private sector dispute
une école un établissement scolaire d'enseignment	school, educational institution
un groupe scolaire	school campus
fréquenter un établissement (scolaire)	to attend a school
une école spéciale pour handicapés physiques/mentaux	special school for the disabled/mentally handicapped
une école une institution } privé(e) un établissement	private school
une école libre confessionnelle	religious, denominational school
l'instruction religieuse la catéchèse	religious education
un établissement privé sous contrat *m* d'association *f* avec l'Etat: reçoit des subventions *f* de la part de l'Etat	voluntary-aided private school: receives aid from the government
un établissement hors contrat	independent school
un directeur/une directrice d'école un chef d'établissement	head of a school
une académie	local educational authority
un recteur d'académie	Director of Education
le rectorat	Education Department/offices (of the authority)
l'inspection *f* académique d'académie	school inspectorate
un inspecteur de l'enseignement	school inspector

l'enseignement primaire
le primaire
l'école primaire

primary education

une école primaire	primary school
la scolarité obligatoire à partir de 6 ans	compulsory education from the age of six

les classes f *de l'enseignement*   *classes of primary education*
primaire
  le cycle préparatoire = le CP, à 6 ans

le cycle élémentaire 1e année = le CE1
                  2e année = le CE2 } de 7 à 9 ans
le cycle moyen 1e année = le CM1
             2e année = le CM2 } de 9 à 11 ans

apprendre à lire, écrire et compter	to learn the three Rs
l'orthographe *f*	spelling
l'alphabétisation *f*	teaching to read and write
les méthodes *f* pédagogiques	teaching methods
un stage de formation *f* pédagogique	teacher training course
l'encadrement *m* pédagogique	monitoring and assessment of pupils by teachers
les activités *f* d'éveil *m*	creative activities/studies
les ateliers *m*	workshops
d'expression culturelle	for the performing arts
d'expression corporelle	for dance and drama
les enseignants du premier degré	primary school teachers
un instituteur ⎫ un maître ⎭	male primary school teacher
une institutrice ⎫ une maîtresse ⎭	female primary school teacher

l'enseignement secondaire
le secondaire
secondary education

la scolarité obligatoire jusqu'à 16 ans	compulsory education up to the age of sixteen

les classes de l'enseignement secondaire
forms of secondary education

la (classe de) sixième	equiv. of first form
la (classe de) cinquième	second form
la (classe de) quatrième	third form
la (classe de) troisième	fourth form
la (classe de) seconde	fifth form
la (classe de) première	lower sixth form
la (classe de) terminale	upper sixth form

le premier cycle de l'enseignement secondaire: de la sixième à la troisième	first cycle of secondary education
le deuxième cycle de	second cycle of secondary

l'enseignement secondaire: de la seconde à la terminale	education
une école polyvalente	comprehensive school
une boîte ⎫ (argot scolaire) un bahut ⎭	school (pupils' slang)
le brassage scolaire	social mix in schools
l'égalité *f* des chances *f*	equal opportunities
le collège: CES = Collège d'enseignement secondaire, de la sixième à la troisième	lower school
un collégien/une collégienne	pupil of a 'collège'
un tronc commun	common core
des classes de niveau *m*	setted classes, sets
le principal ⎫ le directeur/ ⎬ d'un collège la directrice ⎭	head of a 'collège'
le lycée: de la seconde à la terminale	upper school
— l'enseignement général long (au lycée) mène au baccalauréat	schooling with traditional academic disciplines, leads to the 'baccalauréat'
un lycéen/une lycéenne	pupil at a 'lycée'
— le lycée technique mène au brevet de technicien (BT) ou au baccalauréat de technicien	upper school with technical curriculum
le LEP = Lycée d'enseignement professionnel mene au BEP (= Brevet d'études professionnelles) ou au CAP (= Certificat d'aptitude professionnelle)	
entrer en apprentissage *m*	to go into apprenticeship
un apprenti	apprentice
apprendre un métier	to learn a trade
faire ⎫ un stage en effectuer ⎭ entreprise *f*	to spend a period on work experience
la formation en alternance *f* ⎫ alternée ⎭	work experience, block release courses
un stage de formation	training course
un stage intensif	intensive course
un stagiaire	trainee
la formation professionnelle	vocational training

les cours *m* du soir	evening classes
entrer dans la vie active	to begin one's working life
la vie professionnelle	professional life
l'insertion professionnelle des jeunes	introduction of young people into working/professional life
le proviseur d'un lycée	head of a 'lycée'
les enseignants du second degré	secondary-school teachers
un PEGC = professeur d'enseignement général de collège	teacher in a 'collège'
un professeur (de lycée)	teacher in a 'lycée'
le CAPES = Certificat *m* d'aptitude *f* au professorat de l'enseignement du second degré: permet d'enseigner dans les collèges et les lycées	teaching qualification enabling the holder to teach in 'collèges' and 'lycées'
le CAPET = Certificat d'aptitude au professorat de l'enseignement technique	teaching qualification enabling the holder to teach in technical schools
un professeur certifié	qualified graduate teacher, holder of CAPES or CAPET
un professeur titulaire	certificated, qualified teacher
être titularisé	to be granted qualified teacher status
un maître auxiliaire	non-permanent, non-qualified teacher
un (professeur) remplaçant ⎱ suppléant ⎰	supply teacher
un professeur titulaire de classe	form teacher
le tutorat	tutorial system
le recrutement des enseignants	recruiting of teachers
les équipements *m* scolaires	school facilities
les équipements sportifs	sports facilities
un terrain de sports *m*	sports ground
un gymnase	gymnasium
les dépenses *f* de fonctionnement *m*	running costs
le repas *m* scolaires	school meals
rester ⎱ manger ⎰ à la cantine	to have school dinners
l'intendant	bursar
l'infirmerie *f*	sick bay
le car de ramassage *m* scolaire	school bus
le quartier de ramassage scolaire	catchment area

la sectorisation de l'enseignement la carte scolaire	division into catchment areas
le calendrier scolaire	school year dates
la rentrée des classes scolaire	(going) back to school
les vacances *f* scolaires	school holidays
les grandes vacances	long summer vacation
les effectifs *m* dans le primaire le secondaire	total number of pupils in primary } education secondary
le nombre total d'élèves *m*	
la capacité d'accueil *m* d'un établissement	intake of a school
des classes surchargées	overcrowded classrooms
la discipline	discipline
des problèmes *m* de discipline	discipline problems
le conseil de discipline	disciplinary committee
la retenue	detention
la colle (argot scolaire)	detention (pupils' slang)
être retenu/mis en retenue collé	to be kept in detention
une discipline une matière	subject
la pluridisciplinarité	plurality of subjects
un éventail de disciplines de matières	range of subjects
les disciplines littéraires	arts subjects
scientifiques	science subjects
les matières intellectuelles	academic subjects

principales disciplines enseignées

main subjects taught

le français	French
les math(ématiques)	maths
les langues vivantes étrangères	foreign languages
l'histoire *f*	history
la géographie	geography
l'économie *f*	economics
les sciences économiques et sociales	economics/social studies
l'informatique *f*	computer sciences
la gestion	management/business studies
la comptabilité	accountancy
le secrétariat	secretarial studies

l'éducation ⎱ civique l'instruction ⎰	civics
les sciences expérimentales	general science
l'éducation artistique ⎱ le dessin ⎰	art
l'éducation manuelle et technique	craft, design and technology
l'éducation physique et sportive	PE
les sciences physiques	physics
la chimie	chemistry
les sciences naturelles ⎱ la biologie ⎰	biology
le grec	Greek
le latin	Latin
la philo(sophie)	philosophy
un cours (de math)	(maths) lesson
un contrôle (de connaissances)	(knowledge) test
un contrôle écrit	written test
oral	oral test
rester à l'étude	to stay for prep
un manuel scolaire	textbook
le(s) programme(s) *m* scolaire(s)	school curriculum
les activités *f* extra-scolaires ⎱ périscolaires ⎰	extra-curricular activities
l'emploi *m* du temps	timetable
un emploi du temps chargé	heavy timetable
un surveillant ⎱ un pion (argot scolaire) ⎰	supervisor, student employed to supervise
un pensionnat ⎱ un internat ⎰	boarding school

être pensionnaire ⎱
   en pension ⎬
   interne ⎰
	to be a boarder

un externe	day pupil
un demi-pensionnaire	pupil having school dinners
un délégué de classe	form prefect, form representative
le conseil de classe	staff meeting, to discuss progress of pupils
l'examen du dossier scolaire	looking at a pupil's records
le bulletin trimestriel	termly report
être admis dans la classe supérieure ⎱ passer en classe supérieure ⎬ passer de classe ⎰	to go up into the next form
redoubler de classe	to repeat a year
'repiquer' sa sixième (argot scolaire)	to repeat one's first form

le redoublement	repeating a year
les redoublants	pupils who repeat a year
les performances *f* scolaires	academic achievements, records
la réussite scolaire ⎫ les succès *m* scolaires ⎬	academic success
un atout	trump-card, asset
le retard scolaire	falling behind, losing ground at school
l'échec *m* scolaire	academic failure
le milieu scolaire	school environment
le milieu familial	family environment
l'orientation *f* scolaire	options counselling
l'orientation professionnelle	careers advice
un conseiller d'orientation	careers adviser
une classe de transition	remedial class
suivre des cours de rattrapage *m*	to go to remedial, catching-up classes
le QI = le quotient intellectuel	IQ
le niveau de culture générale	general educational standard
la baisse des niveaux	decline in educational standards
le nivellement par le bas	levelling down
se présenter au ⎫ bac(calauréat) passer le ⎬	to take, sit the 'bac'
les candidats au bac	candidates for the 'bac'
le bachot (argot scolaire)	the 'bac'
réussir le bac	to pass the 'bac'
rater le ⎫ échouer au ⎬ bac être recalé au ⎭	to fail the 'bac'
se faire coller à un examen (familier)	to be failed, 'ploughed' (coll.)
repasser son bac	to retake one's 'bac'
un bachelier/une bachelière	student who has passed the 'bac'
après l'obtention *f* du 'bac'	after passing the 'bac'
être titulaire du bac	to have passed the 'bac'
bachoter	to cram for an exam
le bachotage	cramming for an exam
le bourrage de crâne *m*	cramming pupils for an exam
une boîte à bachot	cramming school
subir les épreuves écrites d'un examen	to sit the written part of an examination
passer les épreuves orales	to take the oral test
travailler pour 'avoir un métier'	to work in order to have a career
l'association *f* des parents *m* d'élèves	parents' association

les fédérations f ⎫ de parents	national organisation of parents'
les mouvements m ⎭ d'élèves	associations
l'amicale f des enseignants	teachers' association
l'amicale des anciens élèves	ex-pupils' association

l'enseignement supérieur
le supérieur

higher education (HE)

poursuivre ses études f (au-delà du bac)	to carry on with one's studies (after the 'bac')
faire des études supérieures	to go on to higher education
être à l'université f ⎫ en faculté f ⎬ à la fac ⎭	to be at university
s'inscrire à l'université ⎫ à la fac/en fac ⎭	to register, enrol at university
un dossier d'inscription f	registration form
remplir un formulaire	to fill in a form
les droits m ⎫ les frais m ⎭ d'inscription	enrolment fee
une bourse d'étudiant	student's grant
une bourse d'études	scholarship
un prêt (remboursable)	(repayable) loan
être boursier/boursière ⎫ bénéficier d'une bourse ⎭	to receive a grant
être étudiant en lettres f	to read arts
en sciences humaines	humanities
en sciences sociales	social sciences
en droit m	law
en médecine f	medicine
faire des études de lettres, de sciences, de droit . . .	to read arts, sciences, law . . .
la durée des études	length of studies
les UER = Unités f d'enseignement et de recherche f	teaching and research units/ departments
le cloisonnement/ compartimentage entre les différentes disciplines	compartmentalization of the various disciplines
un campus universitaire	university campus
le président d'une université	vice-chancellor of a university
le premier cycle de l'enseignement supérieur (2 ans) menant au	first cycle of studies at university (2 years), leading to the

DEUG = Diplôme d'études universitaires générales	DEUG
une UV = une unité de valeur	option
le contrôle continu	continuous assessment
des examens partiels	periodic examinations/assessments
l'examen *m* de fin *f* d'année *f*	end of year examination
le deuxième cycle de l'enseignement supérieur	second cycle of studies at university
la première année mène à la licence	first year leads to the degree
la deuxième année mène à la maîtrise	second year leads to the Master's degree
une licence ès lettres	arts degree
ès sciences	science degree
de droit	law degree
être licencié	to be a graduate
un diplôme	diploma, qualifications
être (hautement) diplômé	to have (high) qualifications
délivrer un diplôme	to award a qualification
bénéficier d'une équivalence de diplôme	to be granted an equivalence of qualifications
une formation de troisième cycle d'université, menant au doctorat de troisième cycle	post-graduate course, leading to the PhD
être docteur ès lettres/ès sciences	to be a PhD (in arts/sciences)
un doctorat/une thèse d'université	PhD/doctoral thesis
un doctorat/une thèse d'Etat	higher doctoral thesis (= national diploma, ranking above PhD)
soutenir sa thèse	to attend/have one's viva
faire de la recherche	to do research
un directeur de recherche	research supervisor/tutor
une équipe de recherche	research team
un chercheur en . . .	research worker in . . .
une formation ⎫ un cursus ⎬ une filière ⎭	course
dispenser une formation	to offer a course
l'éventail *m* des formations offertes	range of available courses
les universites du troisième âge	universities of the Third Age
les universités d'été *m*	summer schools
l'acquisition *f* du savoir des connaissances *f*	acquisition of knowledge
un mandarin	top academic
l'académisme *m*	academicism
un maître-assistant (à l'université)	lecturer

un assistant (à l'université)	assistant/junior lecturer
le département des sciences *f* de l'éducation	school of education
l'agrégation *f*: permet d'enseigner dans l'enseignement secondaire, les classes préparatoires aux grandes écoles ou l'enseignement supérieur	highest teaching qualification (obtained after taking a highly competitive exam), enabling the holder to teach in secondary education, in 'classes préparatoires' or in higher education
un professeur agrégé	qualified teacher, holder of 'agrégation'
un cours magistral	lecture
un amphi(théâtre)	lecture theatre
une salle de conférence *f*	lecture room
un cours de TD (= Travaux dirigés) une séance de TP (= Travaux pratiques)	seminar
l'assiduité *f* aux cours	regular attendance at classes
être dispensé de(s) cours	to be exempted from class(es)
un IUT = Institut universitaire de technologie *f*	approx. equivalent of polytechnic
les iutiens	students of IUTs
un DUT = Diplôme universitaire de technologie	diploma obtained in IUTs
l'enseignement technique supérieur, menant au BTS = Brevet de technicien supérieur	higher technical education, leading to the BTS
une filière courte	short course
longue	long course
une filière d'avenir *m* offrant des débouchés *m* d'accès *m* à un emploi	course with job opportunities
le critère d'entrée *f* dans un établissement	entry requirement for an institution
le mode de sélection *f*	selection procedure
la sélection se fait sur dossier *m*	selection by reference to student's records

le système des grandes écoles
Polytechnique (= 'X'), Centrale,
l'ENA (= Ecole nationale
d'administration), les écoles des

Mines, des Ponts et Chaussées,
écoles de commerce,
scientifiques, techniques . . .

l'entrée *f* se fait par voie *f* de concours *m*	entry to a 'grande école' is through an entrance examination
le concours d'entrée aux grandes écoles	entrance examination (competitive) for 'grandes écoles'
les classes préparatoires (aux concours d'entrée)	classes (post-'bac') aimed at preparing students for entrance to 'grandes écoles'
le taux de réussite *f*	pass rate
la sélection par l'échec *m* par l'élimination *f* }	system of selection which depends on a proportion of students failing
un système élitiste	elitist system
un énarque	student or former student of ENA
l'énarchie *f*	elite formed by graduates of ENA
sortir du moule	to be a product of the rigid mould, of the straitjacket
le carriérisme	careerism
préparer un concours interne	to prepare for an internal exam
être muté ailleurs	to be moved, transferred elsewhere
une mutation	transfer
être affecté à un poste à une région	to be appointed to a post to an area
une affectation	appointment/posting
avoir de l'avancement *m*	to get promotion
être en congé *m* sabbatique	to be on a sabbatical leave

le ministère des Affaires sociales et de l'Emploi	ministry for social services and employment
la protection sociale ⎱ des particuliers/ la couverture ⎰ des employés la garantie	social security of individuals/ employees
l'Etat-providence *f* ⎱ l'Etat-nourricier ⎰	Welfare State
les assurés sociaux	people paying national insurance contributions
les budgets sociaux ⎱ les dépenses sociales ⎰	expenditure on social services
la Sécurité sociale = la Sécu	French system of social insurance
combler le déficit ⎱ de la le trou ⎰ Sécurité le gouffre ⎰ sociale	to fill the (enormous) deficit of the social insurance system
(ré)équilibrer les comptes *m* de la Sécu	to balance the accounts of the social insurance system

les divers régimes sociaux

various social insurance schemes

le régime général de la Sécurité sociale (fondé sur le principe de la solidarité nationale)	general scheme of national insurance (resting on the principle of national solidarity)
les régimes spéciaux: pour les fonctionnaires, les agents des entreprises publiques (EDF, SNCF, RATP) ou des mines *f*, les agriculteurs, les marins et certaines catégories de professions non salariées	special schemes for: civil servants, employees of certain nationalised industries (EDF, SNCF, RATP), miners, agricultural workers, seamen and various categories of the self-employed
être affilié à un régime de Sécurité sociale	to belong to one of the social insurance schemes

les charges sociales des entreprises *f* les cotisations sociales dues par l'employeur la contribution patronale	employer's liability to social contributions
l'accroissement *m* ⎱ des charges l'allègement *m* ⎰ sociales	increase ⎱ in NI burden reduction ⎰
bénéficier d'une exonération des charges sociales	to be exempted from NI contributions
cotiser à la Sécurité sociale	to pay NI contributions
les cotisants	NI contributors
les cotisations sociales versées par l'entreprise *f* et les salariés	NI contributions paid by employer and employee
le montant des cotisations	total amount of contributions
la majoration ⎱ des cotisations le relèvement ⎰	increase in NI contributions
le prélèvement social	NI deductions
les prélèvements *m* obligatoires/la retenue sur le salaire	compulsory deductions/stoppage from pay
les prestations sociales	social benefit payments
une allocation	allowance
les bénéficiaires ⎱ les prestataires ⎰	beneficiaries
avoir droit à des prestations	to be entitled to benefits
les ayants droit	people eligible (for benefits)
revendiquer ⎱ son droit à une réclamer ⎰ allocation	to claim a benefit
le versement des allocations ⎱ des prestations ⎰	payment of benefits
les allocations ⎱ sont versées à . . . les prestations ⎰	benefits are paid to . . .
des primes diverses	various extra allowances
le régime général de la Sécurité sociale se subdivise en:	national insurance general scheme is split up into:
— assurance *f* maladie *f*	— sickness insurance
— allocations familiales	— family allowances
— assurance vieillesse *f*	— pension schemes
chacune des 3 branches est gérée par une caisse nationale, relayée par des caisses régionales (à l'échelon de la région) et des caisses locales (à l'échelon départemental)	each of these three sectors is administered by national bodies, subdivided into regional bodies (at the level of the 'région') and local bodies (at the level of the 'département')

la CNAM = Caisse nationale d'assurance maladie: assure le financement et l'administration de	**national body responsible for the financing and the administration of**
— l'assurance maladie	— sickness insurance
— l'assurance maternité	— maternity insurance
— l'assurance invalidité *f*	— disability allowance
— l'assurance décès *m*	— death insurance
— l'assurance accidènt *m* du travail	— occupational injury insurance
— l'assurance maladie professionnelle	— occupational disease insurance
les Caisses primaires d'assurance maladie (dans chaque département) = CPAM	offices responsible for sickness and related benefits in each 'département' = local social security offices
les prestations *f* de maladie	sickness benefit
une pension d'invalidité	invalidity pension
la santé (publique)	(public) health
les dépenses *f* de santé	health care expenditure
être en bonne santé	to be in good health
être en mauvaise santé	to be in bad health
être bien portant	to be in good health
tomber ⎱ malade être ⎰	to become ⎱ ill to be ⎰
les maladies *f*	illnesses
les longues maladies ⎱ les maladies de longue durée ⎰	long-term illnesses
se rétablir ⎱ d'une maladie se remettre ⎰	to recover from an illness
se soigner ⎱ suivre un traitement ⎰	to follow a treatment
guérir	to get better, recover
être guéri	to be cured, fully recovered
la guérison	recovery
la guérison des maladies	curing of diseases
un guérisseur ⎱ un charlatan ⎰	healer, quack
un remède	cure, remedy
les maladies infectieuses	infectious diseases
les MST = Maladies sexuellement transmissibles	sexually-transmitted diseases
le SIDA = Syndrome immuno-déficitaire acquis	AIDS = acquired immuno-deficiency syndrome

un microbe	germ
un virus	virus
une épidémie	epidemic
un vaccin	vaccine
une vaccination	vaccination
être vacciné contre	to be inoculated against
un rappel de vaccin	vaccine booster
un fléau (social)	(social) scourge
l'alcoolisme *m*	alcoholism
le tabagisme	addiction to tobacco
la toxicomanie	drug addiction
les drogués ⎱ les toxicomanes ⎰	drug addicts
se défoncer (familier)	to get high on drugs (coll.)
la défonce	being high on drugs
l'hygiène *f* de vie *f*	healthy lifestyle
l'hygiène corporelle	personal hygiene
la forme physique	physical fitness
être en forme	to be fit
garder la forme	to keep fit
suivre un régime	to follow a diet
un régime amincissant ⎱ amaigrissant ⎰	slimming diet
la diététique	dietetics
partir en cure ⎱ faire une cure thermale ⎰	to go on a course of treatment, to take the waters at a spa
le thermalisme	courses of treatment at a spa
une station thermale	thermal spa
la médecine est une profession libérale	medicine is one of the professions
le corps médical	medical profession
la médecine libérale	doctors in private practice
la médecine de groupe *m*	group practice medicine
la médecine salariée	doctors employed in hospitals or by companies
la médecine du travail	occupational medicine
la médecine scolaire	doctors employed in schools
la médecine ⎱ l'action ⎰ préventive	preventive medicine
la médecine ⎱ l'action ⎰ curative	remedial medicine
un médecin	doctor
un(e) praticien(ne)	practitioner
un médecin conventionné	National Health doctor
non conventionné	private doctor

la médecine conventionnée	National Health medicine
non conventionnée	private medicine
un (médecin) généraliste ⎫ un omnipraticien ⎭	general practitioner
un médecin de famille	family doctor
un (médecin) spécialiste	specialist (doctor)
le malade ⎫ le client ⎬ le patient ⎭	patient
la clientèle d'un médecin	doctor's patients/practice
une consultation (chez le médecin)	visit (to the doctor's)
les heures *f* ⎫ les horaires *m* ⎭ des consultations	surgery hours
un cabinet médical ⎫ de consultation ⎭	surgery
s'installer ⎫ s'établir ⎭ (en tant que médecin)	to set up in practice (as a doctor)
le tarif de la consultation	cost of a visit
payer les honoraires *m* du médecin	to pay the doctor's fees
les frais *m* de maladie *f*	sickness expenses
les frais médicaux *f*	medical expenses
les soins médicaux	medical treatment
se faire rembourser à la Sécurité sociale (à 40%, 70% ou 100% des frais)	to get oneself reimbursed at the social security office (for 40 per cent, 70 per cent or 100 per cent of the cost, depending on the type of treatment)
la feuille de maladie	form filled by the doctor enabling the insured patients to recover all or part of the cost of their treatment
le remboursement des frais médicaux	reimbursement of medical expenses
le ticket modérateur = quote-part *f* de frais laissée à la charge du malade	patient's contribution towards the cost of treatment, difference between the cost and the amount reimbursed
cotiser à une mutuelle (= société d'assurance mutuelle) professionnelle, pour obtenir le remboursement intégral des frais	to contribute to a voluntary benefit insurance company (= Friendly Society) according to sectors of employment, in order to be fully reimbursed for one's expenses
les mutualistes	people contributing to this

	supplementary insurance scheme
une cotisation supplémentaire	supplementary contribution
une assurance volontaire	voluntary insurance
un congé (de) maladie	sickness leave
un arrêt de travail *m*	stoppage of work
un certificat médical (délivré par le médecin)	medical certificate (issued by the doctor)
une ordonnance	prescription
prescrire des médicaments *m*	to prescribe medicines, drugs
la pharmacie	chemist's
le pharmacien/la pharmacienne	chemist/pharmacist
les produits *m* pharmaceutiques	pharmaceutical products
les vignettes *f* sur les médicaments (pour se faire rembourser)	price labels on medicines (for reimbursement by social security)
les médicaments non remboursables	medicines which are not reimbursed by social security
les médicaments de confort *m* (remboursés à 40%)	medicines in common use for minor illnesses (40 per cent reimbursed)
les médecines douces naturelles parallèles	natural/alternative medicine
l'homéopathie *f*	homoeopathy
un (médecin) homéopathe	homoeopath
la médecine des herbes *f* des plantes *f*	herbal medicine
les aliments naturels	health foods
la diététique	dietetics
un magasin (de) diététique	health food shop
l'acuponcture *f*/l'acupuncture	acupuncture
un acuponcteur/une acuponctrice un acupuncteur/une acupunctrice	acupuncturist
entrer à l'hôpital être hospitalisé	to go into hospital
l'hospitalisation *f*	hospitalization
un hôpital public	public hospital
le secteur hospitalier	public hospital sector
la médecine hospitalière	hospital medicine
les soins *m* hospitaliers	hospital treatment
un centre hospitalier	large general hospital
le forfait hospitalier	fixed amount paid by patients in

	hospitals on a daily basis to cover board and lodging
un CHU = Centre hospitalier universitaire	university hospital
le SAMU = Service d'aide médicale urgente	emergency medical service
un infirmier/une infirmière	nurse
le personnel infirmier	nursing staff
une clinique privée	private hospital
une maison de santé	nursing home/mental home
une maison de repos *m*	rest home
être opéré / se faire opérer	to be operated on
une opération	operation
la salle d'opération	operating theatre
le bloc opératoire	operating theatre suite
une opération à coeur ouvert	open-heart surgery
la chirurgie	surgery
un chirurgien	surgeon
un chirurgien-dentiste	dental surgeon
une maternité	maternity hospital
un accouchement	delivery
l'accouchement sans douleur *f*	painless childbirth
une péridurale	epidural
une sage-femme	midwife
un avortement	abortion
avorter	to have an abortion
l'IVG = Interruption *f* volontaire de grossesse *f*	voluntary termination of pregnancy
la contraception	contraception
le planning familial	family planning
le contrôle / la régulation } des naissances *f*	birth control
les natalistes	those in support of a rising birth-rate
une mère porteuse / une mère de substitution *f* }	surrogate mother
l'insémination artificielle	artificial insemination
un bébé-éprouvette *f*	test-tube baby
les manipulations *f* génétiques	genetic engineering
le taux de natalité *f*	birthrate
le taux de mortalité *f*	deathrate
la mortalité infantile	infant mortality
la longévité	life expectancy
l'allongement *m* de la durée de la vie	prolongation of life expectancy

la recherche médicale	medical research
la Caisse nationale des allocations familiales = CNAF	**national body responsible for family allowances**
les caisses d'allocations familiales	offices responsible for family allowances and related benefits in each 'department'
les prestations ⎫ les allocations ⎭ familiales, versées à partir du 2e enfant à charge *f* ne sont soumises à aucune condition de ressources *f*	family allowances, paid from second child onwards, not means-tested
les allocations prénatales	antenatal maternity allowance
les allocations postnatales	postnatal maternity allowance
un congé de maternité *f*	maternity leave
une famille nombreuse (avec 3 enfants *m* ou plus)	large family (three or more children)
le nombre d'enfants à charge *f*	number of dependent children
le complément familial	family supplement
l'allocation de parent isolé	one-parent benefit
l'allocation de logement *m*	housing allowance
l'allocation de rentrèe *f* scolaire	back-to-school allowance
l'allocation d'orphelin	orphan allowance
l'allocation veuvage *m*	widow's allowance
l'allocation d'éducation spéciale	allowance for children who need special schooling
l'allocation aux adultes handicapés	handicapped person allowance
la Caisse d'assurance vieillesse *f* = CNAV	**national body responsible for pension funds/schemes**
les régimes *m* ⎫ les caisses *f* ⎭ de retraite *f*	pension schemes / funds
prendre sa retraite ⎫ partir à la retraite ⎭	to take one's retirement
les retraités	retired people
partir en retraite anticipée	to take early retirement
les préretraités	people who have taken early retirement
les départs *m* en retraite	number of people retiring
une pension de retraite	old age pension
la pension d'Etat	state pension
une pension de veuve	widow's pension

les pensionnés	old age pensioners
le minimum vieillesse	basic pension
toucher le Fonds national de solidarité *f*	to be entitled to minimum pension allowance from Social Fund
une retraite complémentaire	occupational supplementary pension
les régimes *m* ⎱ de retraite les organismes *m* ⎰ complémen- taire	occupational pension schemes
cotiser pour sa retraite	to contribute towards one's retirement
la cotisation vieillesse	pension contributions
une maison de retraite (privée)	old people's home (private)
un hospice de vieillards *m*	old people's home (public)
les clubs *m* du troisième âge	old people's clubs
l'action sanitaire et sociale	health and social services
l'Aide sociale	social assistance/welfare
les services sociaux	social services departments
un(e) assistant(e) social(e)	social worker
l'aide sociale à l'enfance *f*	child welfare
un(e) pupille de l'Etat	child in (local authority) care
les parents nourriciers ⎱ adoptifs ⎰	foster parents
l'enfant est placé dans une famille	the child is fostered with a family
l'aide aux personnes âgées	assistance for old people
l'aide ménagère à domicile *m*	home help service for old people
l'allocation de loyer *m*	rent allowance
la condition de ressources *f*	financial means
les économiquement faibles	lower-income groups
vivre au-dessous du seuil de pauvreté *f*	to live below the poverty line
dépasser un plafond de ressources *f*/de revenu(s) *m*	to exceed an income ceiling
au-dessus/au delà d'un certain plafond	above a certain ceiling
au-dessous/en deçà d'un certain plafond	below a certain ceiling
en fonction *f* des ressources	means-tested
un foyer social	hostel
un foyer de jeunes travailleurs	hostel for young workers
une institution charitable ⎱ une association caritative ⎰ une oeuvre de bienfaisance *f*	charity organisation
l'Armée *f* du Salut	Salvation Army

la presse écrite	**press/newspaper journalism**
le paysage de la presse en France	panorama of the French press
la presse d'information	newspapers without a political standpoint
la presse d'opinion *f*	politically orientated newspapers
l'organe *m* de presse ⎫ d'un	organ, mouthpiece ⎫ of a party
le journal officiel ⎭ parti	official newspaper ⎭
les journax de grand format	broadsheet newspapers
les journaux de petit format ⎫	
de format tabloïd ⎭	tabloid newspapers
un (journal) quotidien	daily newspaper
la presse quotidienne	the dailies
nationale	national
locale	local
régionale	regional
de province *f*	provincial
s'abonner à un journal	to take out a subscription for a newspaper
un abonnement	subscription
les abonnés	subscribers
un hebdomadaire	weekly paper/magazine
un mensuel	monthly paper/magazine
un bi-mensuel	fortnightly paper/magazine
un trimestriel	quarterly paper/magazine
une publication annuelle	annual publication
la presse périodique ⎫	
les journaux périodiques ⎭	periodicals
un magazine ⎫	
une revue ⎭	magazine
une revue spécialisée	journal
un illustré	comic
la presse à sensation *f* ⎫	
à scandales *m* ⎭	gutter press

faire / verser } dans le sensationnel	to indulge in sensationalism
avoir bonne presse	to get/have a good press
avoir mauvaise presse	to get/have a bad press
une agence de presse	news agency
un attaché de presse	press attaché
le syndicat du livre	printers' union
un groupe de presse	newspaper group
une entreprise de presse	newspaper concern
l'empire *m* de presse Hersant	Hersant newspaper empire
un propriétaire de journal / un patron de presse }	newspaper owner
un baron / un magnat } de la presse	press baron/magnate
les titres *m* de presse	newspaper titles
les concentrations *f* de presse	press conglomerates
les fusions *f* ou achats (m) de titres	mergers or purchases of newspapers
entre groupes de presse	between newspaper groups
la liberté de la presse	freedom of the press
exercer un contrôle sur la presse	to control the press
la transparence / l'objectivité *f* } de la presse	objectivity of the press
le pluralisme de la presse / la pluralité des titres }	variety/diversity of the press
un journal orienté/ancré (politiquement) à gauche/à droite	left-wing/right-wing newspaper
la désinformation	disinformation
une campagne de désinformation	disinformation campaign
l'imprimerie *f* d'un journal	printworks of a newspaper
l'impression *f* d'un journal	printing of a newspaper
le tirage d'un journal	number of copies printed of a newspaper
ce journal tire à / on tire ce journal à } 500 000 exemplaires *m*	this newspaper has a print run of 500,000 copies
dépasser un tirage de 500 000 exemplaires	to have a print run of more than 500,000 copies
la presse / les journaux } à grand tirage	mass circulation papers/popular press
la 'chute des feuilles' *f*	fall in circulation
la crise de la presse	crisis of the press
la presse moribonde	moribund press

la première édition d'un journal	first edition of a newspaper
une édition spéciale	special edition
la diffusion d'un journal	circulation of a newspaper
diffuser	to circulate
la distribution d'un journal	distribution of a newspaper
distribuer	to distribute
un kiosque à journaux	newspaper kiosk/stall
un marchand de journaux	newsagent
le nombre de lecteurs l'audience *f* d'un journal	readership
la parution la publication } d'un nouveau journal	publication of a new paper
paraître	to be published
cette publication ce magazine } paraît tous les mois	this magazine is published monthly
publier éditer faire paraître sortir } un nouveau journal	to publish a new paper
un éditeur	publisher
un directeur de journal	newspaper editor
un directeur adjoint	deputy director
le directeur de la rédaction	editing director
un rédacteur en chef	chief editor
la direction la rédaction	editorial staff
l'équipe *f* de rédaction	editorial team
à la rédaction	at the editorial offices
au siège d'un journal	at the head office/headquarters of a newspaper
le contenu rédactionnel	editorial content
un éditorial	editorial (comment)
un article de tête	leader article
un éditorialiste	editorial/leader writer
un article de fond *m*	feature article
le journalisme	journalism
un journaliste	journalist
un reporter	reporter
un reportage (spécial)	(special) report
un chroniqueur un chef de rubrique *f* }	columnist
une chronique	column, page
défrayer la chronique	to be in the news/widely talked about
la chronique financière	financial news

la chronique ⎱ sportive la rubrique ⎰	sports news/column
la page des sports *m*	sports page
la chronique ⎱ littéraire la rubrique ⎰	literary column
la chronique ⎱ locale la rubrique ⎰	local news
la chronique (des) faits divers	news in brief
la rubrique des 'chiens écrasés'	local news and gossip
la rubrique des spectacles *m*	entertainments column
les nouvelles *f* de politique intérieure	home news
les nouvelles *f* de politique extérieure	foreign news
les nouvelles internationales	international news
un condensé des informations	news digest
un compte rendu de notre envoyé special	'report from our special correspondent'
un article de presse	press article
une coupure de journal	newspaper cutting
les petites annonces	classified advertisements, small ads
les annonces publicitaires	advertisements
un annonceur publicitaire	advertiser
un encart publicitaire	advertising inset
les mots croisés	crosswords
les bandes illustrées ⎱ = les BD dessinées ⎰	comic strips/strip cartoons
les (gros) titres d'un journal	newspaper headlines
faire les (gros) titres ⎫ faire la une de l'actualité ⎪ faire la une des journaux ⎬ to make the front page headlines faire la manchette des journaux ⎭	
être en manchette	to be in the headlines
être en première page ⎱ être à la une ⎰	to be on the front page/on page one
titrer sur ⎱ mettre en manchette ⎰	to headline/concentrate on
un titre sur cinq colonnes *f* à la une	five-column front-page headline

une information donnée ⎫
  en exclusivité *f* ⎪
  en primeur *f* ⎬ scoop
une exclusivité ⎭	

un sondage d'opinion *f*	opinion poll
les instituts *m* de sondage	opinion poll organisations

un échantillon représentatif de la population française	representative sample of the French population

les médias audiovisuels
la radio et la télévision

audio-visual media
radio and television

le paysage audiovisuel français (PAF)	panorama of French radio and TV
la CNCL = Commission nationale de la Communication et des Libertés *f*, créée par le gouvernement Chirac	CNCL, set up by the Chirac government

la radio

sound broadcasting

la radio d'Etat: Radio-France émet sur différents réseaux:	public service radio broadcasts on different networks:
France-Inter	
FIP = France-Inter-Paris	
France-Culture	
France-Musique	
Radio-France internationale	
et les radios locales publiques	state local radio stations
les stations *f* de radio } périphériques les postes *m* émetteurs	peripheral radio stations (with their transmitters outside French territory)
ex: Europe I	
Radio-Andorre	
RTL = Radio-Télé-Luxembourg	
Radio-Monte-Carlo	
les radios locales privées	independent local radio stations
transmettre/émettre/diffuser sur ondes courtes/petites ondes/ ondes moyennes/grandes ondes/en FM = modulation *f* de fréquence *f*	to transmit/broadcast on short/ medium/long wave/FM = VHF
les longueurs *f* d'ondes	wavelengths
les fréquences *f*	frequencies
un émetteur	transmitter
une émission	broadcast, programme
des parasites *m*	interference

[80]

la CB	CB
(re)transmettre un programme / diffuser une émission } en direct	to broadcast a programme live
(re)transmettre en différé	to broadcast a recording
une rediffusion / une reprise }	repeat
une antenne	aerial
sur/à l'antenne / sur les ondes }	on the air
disposer d'un temps d'antenne	to have some broadcasting time available
couper l'antenne	to interrupt the programme
les auditeurs	listeners
l'audience *f*	number of listeners
les indices *m* d'écoute *f*	listening figures/ratings
aux heures d'écoute	during listening hours
un décrochage	alternative programming
les émissions *f* / les programmes *m* } de radio	radio broadcasts
le bulletin météo	weather forecast
le bulletin d'informations *f* / les informations / les infos / les nouvelles *f* / le journal parlé }	news (bulletin)
les titres du journal / des informations }	news headlines
un rappel des titres	the headlines again/reminder of the headlines
le résumé / le sommaire } des informations	summary of the news
un flash d'informations	newsflash
la presse orale	radio journalism
la revue de la presse	review of the papers
faire le point sur l'actualité *f*	to give a summary of the news
le domaine de l'actualité *f*	news, current affairs
un sujet d'actualité	topical issue
un événement / un phénomène } médiatique	media event
avoir un effet médiatique	to have an impact on/make an impression in the media
les informations locales / régionales }	local news
un message publicitaire	radio commercial

les jeux *m* radiophoniques	radio (quiz) games
un présentateur	newsreader
un commentateur	news commentator
un speaker/une speakerine	announcer
un animateur	compère

la télévision

television

regarder la télé / le petit écran	to watch TV
un poste de télévision/un téléviseur en noir et blanc/en couleur	black and white/colour TV set
à la télévision / sur le petit écran / sur les lucarnes *f*	on TV
acquitter la redevance télé	to pay the TV licence fee
les téléphiles	TV amateurs
les spectateurs	viewers
le foisonnement d'images *f*	proliferation of images
l'ingurgitation *f* d'images / la boulimie télévisuelle	surfeit of images

les chaînes f *de télévision*	*TV channels*
TF1, nouvellement privatisée	TF1, recently privatised
2 chaînes de service public:	2 public service channels:
A2 = Antenne 2	A2
FR3 = France régions (coordonnant un réseau de stations régionales)	FR3 (coordinating a network of local stations)
le démantèlement du système télévisuel	dismantling of television service
la privatisation des chaînes publiques	privatisation of public service channels
Canal-Plus = chaîne à péage *m*/ payante et codée/cryptée, à capter avec un décodeur	Canal-Plus = fee-paying, coded channel to be received with a decoder/descrambler
la Cinq = la première chaîne privée et commerciale, créée en 1986	first independent commercial channel, created in 1986
TV6 = chaîne musicale	musical channel
la Sept, future chaîne à vocation culturelle	future channel with cultural programmes
les concessions *f* des nouvelles chaînes	charters of new channels

capter des chaînes étrangères	to pick up/receive foreign channels
la télévision par satellite *m*	satellite TV
la télévison par câble/câblée	cable TV
une antenne parabolique	parabolic, dish aerial
le cahier des charges *f* d'une chaîne	schedule of broadcasting conditions of a channel
un incident technique	technical fault
les grilles *f* de programmes *m*	programme schedules
un créneau horaire	time slot
une chaîne ⎫ une émission ⎭ à grand public	general public/popular channel programme
le niveau culturel de la télévision	cultural level of TV
les émission *f* de télévision ⎫ les programmes télévisés ⎭	TV programmes
le journal télévisé ⎫ les actualités télévisées ⎭	TV news
les reportages *m*	reports
les débats *m* politiques	political debates
les jeux télévisés	TV (quiz) games
les (émissions de) variétés *f*	variety shows
les documentaires *m*	documentaries
les feuilletons *m*	serials
les séries américaines	American series
les pièces *f* de théâtre *m*	plays
les films *m* (en VO = version originale) (avec sous-titres *m*)	films (in the original language/ version) (with subtitles)
un court métrage	short film
un réalisateur de films/d'émissions	film maker/programme director
le générique	credits
la censure	censorship
exercer une censure	to censor
la publicité ⎫ la pub ⎭	advertising
un spot publicitaire	TV commercial
un slogan publicitaire	advertising slogan
le découpage ⎫ des films à la le 'saucissonnage' ⎭ télé	interruption of films on TV
une agence de publicité	advertising agency
un moyen d'évasion *f*	form of escapism
un (vidéo-)clip	promotion video/pop video
la bande-annonce *f* d'un film	film trailer
un magnétoscope	video recorder

les droits *m* de l'homme	rights of man
les droits du citoyen	(citizen's rights)
civiques	
individuels	civil rights/liberties
les libertés publiques	
individuelles	
une loi	law
désobéir à	
enfreindre	
transgresser } la loi	to break/infringe/violate/ contravene the law
violer	
contrevenir à	
le(s) désordre(s) public(s)	civil disorder/disturbances
troubler l'ordre public	to disrupt public order
les champions *m* } de l'ordre les tenants *m* } public	supporters of law and order
avoir l'esprit *m* civique } le sens civique }	to have a sense of civic responsibilities
le respect des lois	law-abidingness
être respectueux des lois	to be law-abiding
être en règle *f* avec la loi	to be straight with the law
faire régner } l'ordre public maintenir }	to maintain law and order
le maintien de l'ordre (public)	maintenance of law and order
les pouvoirs publics	public authorities
les forces *f* de l'ordre	
les services *m* d'ordre	police authorities responsible for public order
les agents *m* de la force publique	
faire appel à l'armée *f*	to call in the army
la montée de la criminalité *f*	rising crime
l'escalade *f* de la violence	surge in violence
l'engrenage *m* de la violence	violence breeding violence
le dérapage de la violence } la dérive de la violence }	violence leading to crime and accidents
le taux de criminalité	crime rate
la grande criminalité } le grand banditisme }	major crime
la petite et moyenne	petty crime, less serious

délinquance	offences
les grands ⎫ criminels les petits ⎭	major ⎫ criminals petty ⎭
la délinquance juvénile	juvenile delinquency
les (jeunes) délinquants	delinquents, young offenders
le vandalisme	vandalism
un vandale	vandal
un voyou	hooligan, yob
une bande de voyous	gang of hooligans
un (élément) provocateur ⎫ un fauteur de troubles *m* ⎭	troublemaker
un casseur	thug
un sentiment ⎫ d'insécurité *f* un climat ⎭	feeling ⎫ of insecurity climate ⎭
l'insécurité règne	a feeling of insecurity prevails
l'autodéfense *f*	self-defence
un groupe d'autodéfense	vigilance committee, neighbourhood watch scheme
la sécurité des personnes *f* et des biens *m*	safety of people and property
la politique ⎫ l'idéologie *f* ⎬ sécuritaire le discours ⎭	politics of law and order
accuser le laxisme des moeurs *f* contemporaines	to blame over-liberal modern attitudes
être laxiste	to be too liberal
être répressif	to be repressive
la répression	hard-line approach to law and order
des mesures *f* de répression	repressive measures
un accès de fièvre répressive	sudden burst of repressive measures
prévenir la criminalité	to prevent crime
la prévention de la criminalité	crime prevention
une infraction à la loi	infringement of the law
une contravention aux règlements	a contravention of the regulations
être en infraction (à la loi)	to be in breach of the law
dresser une contravention (pour infraction au Code de la route), dresser un procès-verbal à un automobiliste	to book a motorist (for breaching the Highway Code)
une amende	fine
le retrait du permis de conduire	withdrawal of driving licence

les infractions *f*/les crimes *m* de droit commun	common law offences/crimes
les délits *m* ⎫ les crimes ⎭ publics	common law offences
un fait délictueux	offence
un acte criminel	criminal act
commettre un crime un forfait un délit une infraction (à la loi)	to commit a crime/an offence
perpétrer un crime	to perpetrate a crime
la perpétration d'un crime	perpetration of a crime
un criminel	criminal
incriminer quelqu'un	to incriminate sb
un voleur ⎫ un auteur de vol(s) *m* ⎭	thief
voler	to steal
faucher (familier)	to nick (coll.)
le vol	theft
la fauche (familier)	nicking
le vol à l'étalage *m*	shoplifting
un vigile (dans les grands magasins)	security guard (in department stores)
le vol à la tire	pickpocketing
un pickpocket ⎫ un voleur à la tire ⎭	pickpocket
le vol à la roulotte	theft from cars
le vol à main armée	armed robbery
un hold-up ⎫ un braquage ⎭ de banque *f*	bank hold-up
faire une rafle ⎫ rafler ⎭	to run off with, to swipe (coll.)
l'extorsion *f* de fonds *m* avec violence *f*	theft of money involving violence
un cambriolage	burglary
un casse (argot)	break-in (slang)
un cambrioleur	burglar
entrer par effraction *f*	to break in
le vol avec effraction	theft with breaking and entering
le recel (d'objets volés)	possession of stolen goods
un faux-monnayeur	currency counterfeiter
l'espionnage (industriel)	(industrial) espionage
un espion	spy

une taupe	mole
un système d'écoutes *f* téléphoniques	telephone tapping device
la fraude électorale	electoral fraud
la fraude douanière ⎫ la contrebande ⎭	smuggling
un fraudeur de la douane ⎫ un contrebandier ⎭	smuggler
la fraude fiscale	tax evasion
un fraudeur du fisc	tax evader
passer quelque chose en fraude/en contrebande	to smuggle in/out
l'évasion *f* de capitaux	flight of capital
un détournement de fonds *m* ⎫ des malversations *f* ⎭	misappropriation of funds, embezzlement
un chèque sans provision *f*	rubber cheque
un détournement de convoyeurs de fonds	hijacking of security companies
un détournement de mineur(s) *m*	corruption of a minor
le proxénétisme	procuring
un proxénète	procurer
le trafic de stupéfiants *m* ⎫ de drogue(s) *f* ⎭	drug trafficking/dealing
un trafiquant de stupéfiants ⎫ de drogue(s) ⎭	drug trafficker/dealer
un pourvoyeur ⎫ un revendeur ⎭ de drogue(s)	drug pusher
un incendie volontaire ⎫ criminel ⎭	arson
la violence gratuite	gratuitous violence
une flambée de violence	outbreak of violence
la violence sur les stades *m* de football	football hooliganism
agresser quelqu'un	to attack, mug sb
une agression	mugging
un agresseur	mugger
une agression ⎫ une attaque ⎭ sexuelle	sexual assault
se livrer à des violences sexuelles sur ⎫ attaquer sexuellement ⎭	to sexually assault
piller	to loot
le pillage	looting
un butin	booty, loot
une émeute	riot
les émeutes	

[87]

au coeur des } dans les } grandes villes	inner-city riots
des émeutes raciales	race riots
une flambée raciste	racist flare-up
une échauffourée } avec la une confrontation } police	clash with the police
enlever } ravir } quelqu'un kidnapper }	to abduct sb
un enlèvement } un rapt } un kidnapping }	abduction
un ravisseur } un kidnappeur }	abductor, kidnapper
une rançon	ransom
le chantage	blackmail
faire chanter quelqu'un	to blackmail sb
un maître-chanteur	blackmailer
violer	to rape
le viol	rape
un violeur	rapist
le meurtre } l'assassinat *m*}	murder
un meurtrier } un assassin } un criminel }	murderer
une tentative de meurtre } d'assassinat }	murder } assassination } attempt
commettre un meurtre	to commit a murder
tuer	to kill
un tueur	killer
un bandit } un gangster } un malfaiteur } un malfrat } un truand }	villain, crook
un complice	accomplice
le milieu (marseillais par ex.) } la pègre }	underworld (e.g. in Marseilles)
un règlement de compte(s) *m*	gangland killing

le terrorisme	terrorism
une mouvance ⎱ terroriste un réseau ⎰	terrorist network
l'engrenage terroriste ⎱ du terrorisme ⎰	ever-increasing incidence of terrorism
le terrorisme d'Etat *m*	state-sponsored terrorism
un terroriste	terrorist
un acte de terrorisme	act of terrorism
un attentat terroriste	terrorist attack
un auteur d'attentat(s)	perpetrator of a terrorist attack
être impliqué dans des attentats terroristes	to be involved in terrorist attacks
la psychose de l'attentat	obsessive fear of terrorist attacks
un objet ⎱ piégé un engin ⎰	booby trap
un engin explosif	explosive device
une voiture piégée	booby-trapped car
une voiture piégée a explosé	there has been a car bomb explosion
une lettre piégée	letter bomb
un colis piégé	parcel bomb
un attentat à la bombe ⎱ à l'explosif *m* ⎰	bomb attack, bomb explosion
un explosif	explosive device
une alerte à la bombe	bomb scare, bomb alert
une bombe incendiaire	petrol bomb
un poseur de bombe(s)	terrorist bomber
le plastic	plastic explosive
un plasticage	planting of a plastic bomb
une vague d'attentats	spate of terrorist/bomb attacks
les victimes *f*	casualties
être blessé	to be injured
être abattu/tué	to be shot/killed
commettre ⎱ un attentat perpétrer ⎰	to carry out, perpetrate an attack
revendiquer un attentat	to claim responsibility for a terrorist attack
une cible terroriste	terrorist target
détourner un avion	to hijack a plane
un détournement d'avion	hijacking of a plane
un pirate de l'air *m*	hijacker
une prise d'otage(s) *m*	taking of hostages
un preneur d'otage(s)	sb who takes hostages
(dé)tenir quelqu'un en otage	to hold sb hostage
la détention d'otage	holding of hostages

un moyen de pression	a means of pressure
exercer une pression sur	to put pressure on
se venger de	to take revenge upon
la vengeance	revenge
la haine	hatred
des mesures *f* de représailles *f* } de rétorsion *f* }	retaliation measures
dissuader	to dissuade, deter
un moyen } une force } de dissuasion *f*	deterrent
expulser (de)	to expel (from)
des procédures *f* d'expulsion *f*	expulsion procedures
extrader	to extradite
des mesures d'extradition *f*	extradition procedures

adopter/prendre des sanctions *f*
   diplomatiques et economique
   contre . . .
	to take diplomatic and economic
	   sanctions against . . .

l'action préventive contre le
   terrorisme
	preventive measures against
	   terrorism

enrayer } juguler } le terrorisme	to curb terrorism
déjouer un attentat terroriste	to thwart a terrorist attack
la lutte contre le terrorisme	fight against terrorism
les services *m* de sécurité *f*	security authorities
renforcer les mesures *f* de sécurité	to step up security measures
un dispositif de sécurité	security operation
le renforcement des contrôles *m* aux frontières *f*	tightening of border controls
une équipe } une unité } anti-terroriste une brigade }	anti-terrorist branch/squad
des organisations *f* terroristes	terrorist organisations
Action directe	
les Brigades *f* rouges (Red Brigade)	
les CCC = Cellules *f* communistes combattantes	
l'IRA	

l'OLP = Organisation *f* pour
      la libération de la Palestine
      (PLO)	

etc . . .	

la police nationale	French national police force
les forces *f* de police	police force
les effectifs *m* de police	police establishment
la police urbaine/municipale veille au maintien de l'ordre (m) sur la voie publique	national police maintaining law and order in towns
le poste de police le commissariat de police }	police station
la préfecture de police de Paris	Paris police headquarters
un agent de police un gardien de la paix }	policeman (in towns)
patrouiller faire la ronde }	to be on the beat
une présence policière	police presence
une surveillance policière renforcée	extra policing
un dispositif de sécurité *f*	security operation
l'appareil policier	police machinery
les CRS = Compagnies républicaines de sécurité *f* = forces *f* d'intervention *f* destinées à assurer l'ordre public en cas d'émeutes *f* par ex. surveillent la circulation routière	specially trained security police force, riot police, control road traffic
les motards de la police	motorcycle police
la gendarmerie nationale les gendarmes }	paramilitary national police force (controlled by the ministère de la Défense)
le GIGN = Groupe d'intervention *f* de la gendarmerie nationale	special intervention group of 'gendarmerie nationale'
les RG = Renseignements généraux (maintien de l'ordre *m* dans le domaine politique, social, économique)	RG: responsible for policing in political, social and economic matters
les services *m* de renseignements *m*	intelligence service
la DST = Direction de la surveillance du territoire = contre-espionnage français	DST = French counter-intelligence service

la DGSE = Direction générale de la sécurité extérieure	General Directorate for External Security
la PAF = Police de l'air et des frontières	PAF: responsible for policing airports and borders
la RAID = Recherche–Assistance–Intervention–Dissuasion *all f*	Search–Aid–Intervention–Deterrence
la PJ = Police judiciaire, chargée d'assurer la lutte contre le crime et de livrer les auteurs aux tribunaux	PJ: responsible for coordinating the fight against crime and bringing criminals to justice
la BRB = Brigade de la répression du banditisme	anti-crime squad
la brigade des stupéfiants *m*	drug squad
un informateur } un indicateur de police }	police informer
se faire arrêter par la police	to get arrested
se faire pincer (argot)	to get nicked (slang)
appréhender quelqu'un	to apprehend sb
mettre en état *m* d'arrestation *f* (provisoire)	to place under (provisional) arrest
un mandat d'arrêt *m*	arrest warrant
placer en garde *f* à vue *f*	to take into police custody
le délai de garde à vue	official length of time for which one can be kept in police custody
une enquête policière	police enquiry
enquêter	to investigate
mener } conduire } une enquête	to conduct an investigation
une investigation	investigation, enquiry
une enquête est ouverte	an enquiry is open
le coupable présumé	alleged culprit
faire/opérer des vérifications *f*/des contrôles *m* d'identité *f* sur la voie publique	to carry out identity checks on the public highway
l'introduction *f* des cartes *f* d'identité infalsifiables	introduction of unforgeable ID cards
perquisitionner au domicile de quelqu'un	to carry out a search of sb's house
délivrer un mandat de perquisition *f*	to issue a search warrant
interpeller un suspect	to question a suspect

une interpellation	police questioning
un cordon de police	police cordon
une bavure policière	police blunder
passer quelqu'un à tabac *m* ⎱ (familier) tabasser quelqu'un ⎰	to beat sb up (coll.)
le passage à tabac ⎱ le tabassage ⎰	beating-up
un coup de filet *m*	police haul
faire ⎱ une rafle (familier) opérer ⎰	to make a round-up of suspects (coll.)
une opération coup *m* de poing *m*	police raid
la corruption	corruption
toucher des pots-de-vin *m*	to receive backhanders
la pratique des pots-de-vin	resorting to bribes, backhanders
l'IGS = l'Inspection générale des services *m* = la police des polices	branch of police responsible for supervising the correct working of the police
les ripoux	bent coppers

la justice française — French legal system

le pouvoir judiciaire	judicial power
le ministre de la Justice ⎱ le Garde des Sceaux *m* ⎰	minister for legal affairs and lawcourts
la justice civile	civil law
la procédure civile	civil law procedure
la justice pénale	criminal law
la procédure pénale	criminal law procedure
poursuivre quelqu'un en justice	to prosecute sb
les poursuites *f* judiciaires	prosecution
assigner quelqu'un en justice	to summons sb
traduire quelqu'un en justice	to bring sb before the court
un juriste	lawyer
les différentes instances *f* ⎱ jurisdictions *f* ⎰	various groups of lawcourts
le tribunal de police: juge les contraventions *f* à la loi	police court: deals with petty offences, infringements of the law
le tribunal d'instance *f*	magistrates court
le tribunal de grande instance	High Court
la cour d'assises *f*	court of assizes, Crown Court
la cour d'appel *m*	Court of Appeal

faire appel	to appeal, lodge an appeal
la cour de cassation *f*: contrôle la légalité des jugements *m*	Higher Court of Appeal: controls legality of sentences
déposer un pourvoi en cassation	to take one's case to the Higher Court of Appeal
la jurisprudence	case law, jurisprudence
le Code pénal	penal code
un procès	legal action/proceedings
intenter un procès à/contre engager des poursuites *f* contre	to take legal proceedings against
un procès	trial
un jugement	sentence
à huit clos	in camera
le jugement par jury *m*	trial by jury
passer en jugement en justice	to go on trial
comparaître devant la cour/le tribunal	to appear in court
l'outrage *m* à la cour	contempt of court
le Palais de Justice	Law Courts
une enquête judiciaire	judicial enquiry
délivrer un mandat d'arrêt *m* contre	to issue a warrant for arrest against
instruire une affaire	to conduct the investigation of a case
le juge d'instruction *f*	examining judge, investigating magistrate
l'instruction judiciaire	investigation and hearing of a case
le déroulement de l'instruction	length of time necessary for the investigation and hearing of the case
un non-lieu	withdrawal of the case, not proven verdict
un magistrat	magistrate, judge
la magistrature	body of magistrates, magistracy
le procureur de la République représente	public prosecutor
le ministère public = le 'parquet'	public prosecution
en référer au parquet	to refer a matter to the public prosecution
le jury	jury
faire partie *f* du jury	to sit on the jury

les jurés	jury members
le banc des jurés	jury box
le greffier	clerk of the court
un avocat	barrister
le barreau	the bar
l'ordre *m* des avocats	
être rayé / radié du barreau	to be debarred
l'avocat de la partie civile	prosecuting counsel
l'avocat de la défense	defending counsel
l'avocat général	assistant public prosecutor
le témoin à charge *f*	witness for the prosecution
le témoin à décharge *f*	witness for the defence
témoigner	to testify, give evidence
la barre des témoins	witness box
prêter serment *m*	to take the oath
un témoignage	testimony, evidence
l'audience *f*	hearing of a case
le prétoire	court room
la salle d'audience	
le public	audience
être dans le box des accusés sur le banc des accusés	to be in the dock
le coupable présumé	alleged culprit
un chef d'accusation *f*	main charge
après délibération *f* du jury	after the jury's due deliberation
rendre un verdict	to return a verdict
rendre une sentence / prononcer un jugement	to pass sentence
être innocenté	to be proved innocent
être inculpé de meurtre *m*	to be charged with murder
être inculpé d'homicide *m* volontaire (avec préméditation *f*)	to be charged with (premeditated) murder
être inculpé d'homicide involontaire/par imprudence *f*	to be charged with manslaughter
l'inculpation *f*	charge
être déclaré / reconnu coupable (de crime)	to be convicted (of a crime)
déclarer coupable/non coupable	to declare guilty/not guilty
plaider coupable/non coupable	to plead guilty/not guilty
la culpabilité	guilt
être prévenu d'un délit	to be charged with a crime
le prévenu	defendant, accused
être acquitté	to be acquitted
l'acquittement *m*	acquittal

un verdict d'acquittement	verdict of not guilty
les circonstances atténuantes	extenuating circumstances
une erreur judiciaire	miscarriage of justice
être rehabilité	to be cleared
la réhabilitation	clearing of one's name

les sanctions *f*
les peines *f*   sentences

encourir une peine de prison *f* / d'emprisonnement *m*	to incur a prison sentence
purger / servir une peine	to serve a sentence
appliquer une peine	to enforce a sentence
la mise en application *f* d'une peine	enforcement of a sentence
une peine légère	light sentence
une lourde peine	heavy sentence
une peine de prison avec sursis *m*	suspended sentence
être condamné à 6 mois de prison ferme	to be sentenced to 6 month's imprisonment without remission
être condamné à 6 mois de prison avec sursis	to be given a 6 months' suspended sentence
être condamné à 20 ans de réclusion	to be sentenced to 20 years' imprisonment
la réclusion à perpétuité *f*	life imprisonment
être incarcéré à vie	to be imprisoned for life
la peine de mort *f*	death sentence
la peine capitale = le châtiment suprême	capital punishment
envoyer à l'échafaud *m* / à la guillotine	to send to the scaffold / to the guillotine
exécuter	to execute
l'exécution *f*	execution
le bourreau	executioner
la chaise électrique	electric chair
la pendaison	hanging
être pendu	to be hanged
l'abolition *f* de la peine capitale	abolition of capital punishment
les abolitionnistes = les partisans *m* de l'abolition de la peine capitale	people in favour of the abolition of capital punishment

les anti-abolitionnistes = les partisans du maintien de la peine capitale	people in favour of maintenance of capital punishment
le rétablissement de la peine de mort	restoration of the death sentence
jouer un rôle dissuasif avoir un rôle/un effet dissuasif être un instrument de dissuasion }	to act as a deterrent
la grâce présidentielle	reprieve granted by the president
le droit de grâce	power of reprieve
gracier	to reprieve
le recours en grâce	appeal for reprieve
une peine de prison incompressible	sentence without remission
commuer une peine	to commute a sentence
la commutation d'une peine	commuting of a sentence
bénéficier d'une remise de peine	to be granted a reduction in one's sentence
une peine de substitution f, ex. les TIG = Travaux d'intérêt général, au profit de la collectivité	replacement sentence, e.g. TIG = community work
être libéré	to be freed, released
la libération d'un détenu	release of a prisoner
être mis en liberté f provisoire sous caution f	to be released on bail
la mise en liberté provisoire sous caution	release on bail
être mis en liberté conditionnelle	to be released on parole
la mise en liberté conditionnelle	release on parole
récidiver	to repeat an offence
les risques (m) de récidive f	risks of reoffending
les cas m de récidive	second, subsequent offence(s)
un récidiviste	recidivist
le monde carcéral **l'univers m pénitentiaire** }	**prison environment**
le parc pénitentiaire	number of prison places theoretically available

une prison	
un centre de détenus	
une maison d'arrêt *m*	prison, jail
un établissement pénitentiaire	
la geôle (littéraire)	jail (literary)
un prisonnier (de droit	
un détenu commun)	prisoner (common law)
un taulard (argot)	prisoner, inmate (slang)
la taule/tôle (argot)	prison
avoir fait de la taule	to have been inside
se faire coffrer (argot)	to be thrown/put inside (slang)
être en cabane *f* (argot)	to be in the nick (slang)
un détenu politique	political prisoner
détenir quelqu'un (en prison)	to detain/hold sb in prison
une cellule de prison	prison cell
un repris de justice *f*	ex-prisoner, ex-convict
le châtiment	
la punition	punishment
une sanction	sanction
le cachot	
le mitard (argot)	solitary confinement
être mis en prison	
emprisonné	
écroué	to be imprisoned
incarcéré	
la mise en détention *f*	
l'emprisonnement *m*	
l'incarcération *f*	imprisonment
la réclusion criminelle	
l'incarcération provisoire	provisional imprisonment,
la détention préventive	custody
être en détention préventive	to be remanded in custody
un détenu préventif	remand prisoner
être derrière les	
faire un séjour barreaux	to be behind bars
être sous les verrous	
le personnel pénitentiaire	prison staff
un gardien	
un surveillant de prison	prison officer
un maton (argot)	'screw' (slang)
un geôlier	jailer
une 'prison-pourrissoir'	old-style prison
une prison libérale	liberal-regime prison
un centre de transit	temporary detention centre before prisoners are assigned

	to prison permanently
un QHS = Quartier de haute sécurité	high-security jail
la population carcérale / pénitentiaire / dans les prisons	prison population
la surpopulation carcérale / pénitentiaire / des prisons / le trop-plein carcéral/dans les prisons	prison overcrowding
les prisons surpeuplés	overcrowded prisons
le mécontentement des prisonniers / des détenus	prisoners' discontent
les soulévements *m* dans les prisons	prison disturbances, riots
une maison de correction *f* / un centre de redressement *m*	Borstal, youth detention centre
un centre de rééducation *f*	rehabilitation centre
la réinsertion sociale des détenus	social reintegration of prisoners
les prisonniers repentis	reformed prisoners
s'évader de prison	to escape from prison
une tentative d'évasion *f*	escape attempt

la société française	French society
le paysage social français	French social scene
les catégories *f* \ sociales	
les couches *f* /	social categories/strata
les membres *m* de la société	members of society
les diverses facettes de la société	various aspects of society
la collectivité	community
la population	population
l'accroissement *m* de la population	increase in population
un recensement	census
la pyramide des âges *m*	pyramid-shaped diagram representing population by age-groups
les tranches *f* d'âge	age-groups
les jeunes *m*	young people
les adolescents *m* \	
les ados *m* /	teenagers
les pré-adolescents *m* \	
les pré-ados *m* /	rising teenagers
la 'bof'/'beauf' génération	unmotivated, disillusioned generation
le ras l'bol (familier)	being fed up (coll.)
l'âge du service militaire	age for military service
être dégagé des obligations *f* militaires	to have completed one's military service
les gens *m* d'âge moyen	middle-aged people
les gens d'âge mûr \	
les personnes âgées	
les vieillards *m*	old people
les vieux /	
les retraités	retired people
une maison de retraite *f*	retirement home
le troisième âge	Third Age
le quatrième âge (75 ans et plus)	over 75s
un couple	couple
un ménage	couple, household

le mariage	marriage
se marier avec ⎱ quelqu'un épouser ⎰	to marry sb
passer devant Monsieur le Maire	to get married
les époux *m* ⎱ les conjoints *m* ⎰	spouses
l'union *f* libre ⎱ le concubinage ⎬ la cohabitation ⎰	cohabitation
vivre en couple ⎱ cohabiter ⎰	to cohabit
un compagnon/une compagne	friend, person one lives with
la vie privée de chacun	everyone's private life
la condition féminine	feminine condition
les droits *m* de la femme	women's rights
le féminisme	feminism
le mouvement féministe	feminist movement
la revendication féministe	feminist claims
le MLF = Mouvement de libération *f* de la femme	Women's Lib
les foyers français	French households
dans les foyers ⎱ les chaumières *f* ⎰	in French homes/households
la vie familiale	family life
le milieu familial	family environment
la vie professionnelle	working life
le milieu professionnel	working environment
le retour aux valeurs traditionnelles	return to traditional values
s'embourgeoiser	to become middle-class
l'embourgeoisement *m*	becoming middle-class in outlook
le patriotisme	patriotism
être patriote	to be patriotic
le chauvinisme	chauvinism
avoir l'esprit chauvin	to be chauvinistic
la cocarde tricolore	red, white and blue cockade
être cocardier	to be ultra-patriotic
le coq gaulois	Gallic cockerel (symbolising the fighting spirit of the French nation)
crier cocorico	to crow = expression of patriotism for the French
Marianne, figure allégorique de la République française	Marianne, female symbol of the French Republic

le bonnet phrygien	Phrygian cap = symbol of French Republic
porter le bonnet phrygien	to be patriotic
la défense de la langue française	defence of the French language
les pays *m* francophones d'expression française }	French-speaking countries
la francophonie	French-speaking communities
l'Hexagone *m* = la métropole la France métropolitaine le territoire français }	mainland France
hexagonal = français	French
le complexe hexagonal	'French is best' syndrome

les divisions sociales | social divisions

les barrières sociales	social barriers
les classes sociales	social classes
un milieu social	social background, milieu
venir d'un milieu modeste ouvrier bourgeois aisé	to come from a humble working-class } back- middle-class } groun▮ wealthy
la classe ouvrière	working-class
les petites gens	lower classes
les classes } moyennes les couches }	middle classes
jouir d'une certaine aisance d'un certain niveau de vie	to enjoy a certain wealth/standar▮ of living
les riches les nantis } les huppés }	the well-to-do, the 'haves'
les pauvres	the poor
les démunis } les déshérités }	the underprivileged, 'have-nots'
les milieux défavorisés	underprivileged sections of society
les nouveaux pauvres	the new poor
le quart monde = les couches les plus défavorisées de la population	the most underprivileged sections of society
le seuil de pauvreté *f*	poverty line/trap
un mendiant	beggar
mendier	to beg

la mendicité	begging
un clochard ⎱	tramp
un clodo (familier) ⎰	
les Français de seconde zone	second-rate French citizens
les laissés-pour'compte de la ⎱	society's rejects/rejected
société	members of society
les marginalisés ⎰	
les marginaux	fringe elements
la marginalité	living on the fringe of society
vivre en marge *f* de la société	to live on the fringe of society
les paumés	down-and-outs

les problèmes *m* de l'immigration *f*   immigration problems

la nation française	French nation
la population ⎱ autochtone	native population
la communauté ⎰	community
les ressortissants français	French ⎱ nationals
étrangers	foreign ⎰
les rapatriés d'Algérie *f*	people repatriated from Algeria
les pieds-noirs	Algerian-born French people
le Français moyen	average French person
l'homme de la rue	man in the street
des éléments *m* allogènes	non-native racial groups
une société pluriethnique	multi-racial ⎱ society
multiconfessionnelle	multi-denominational ⎰
les minorités *f* ethniques	ethnic minorities
les immigrés	immigrants
la communauté immigrée	immigrant community
endiguer la vague d'immigration	to curb the influx of immigrants
le contrôle de l'immigration	immigration controls
la restriction de l'immigration	restriction of immigration
limiter l'immigration ⎱	
restreindre l'immigration ⎬	to restrict immigration
verrouiller les frontières *f* ⎰	
l'immigration clandestine	illegal immigration
le droit d'asile *m*	right of sanctuary
l'asile politique	political sanctuary
la France, terre *f* d'asile ⎱	France, country with tradition of
d'accueil *m* ⎰	offering asylum to foreigners
les Maghrébins	people from the Maghreb,
	North West Africa
les Arabes	Arabs
les Beurs = les Arabes en verlan	Arabs, in what is a fashionable

[103]

m/chébran *m* = manière *f* de parler à l'envers *m*	way of speaking among young people, consisting of inverting syllables
les 'bronzés'	coloured immigrants
les bougnoules les bicots les ratons }	terms of abuse for North African Arabs
les Ritals (familier) = les Italiens	Italians
l'insertion *f* des immigrés dans l'assimilation *f* des immigrés à }	assimilation of immigrants (into French society)
la proportion d'immigrés	proportion of immigrants
le 'seuil de tolérance' *f* = quota *m*/pourcentage *m* de population immigrée toléré dans une région donnée	tolerance threshold = maximum percentage of immigrants accepted in a given area
la marginalisation de la communauté immigrée	marginalisation of immigrant community
les mesures *f* en faveur du retour au pays des immigrés	measures encouraging immigrants to return to their own country
les primes *f* d'aide *f* au retour pour les immigrés	repatriation grants
le racisme	racialism
la montée du racisme	increase in racialism
raciste	racialist
une flambée raciste	outbreak of racialism
SOS-Racisme = organisation *f* pour la défense des immigrés	organisation for the defence of immigrants
l'antisémitisme *m*	antisemitism
la communauté juive	Jewish community
l'intégrisme *m* le fondamentalisme } islamique	Islamic fundamentalism
la montée la dérive } intégriste	increase in fundamentalism
les intégristes les fondamentalistes }	fundamentalists

ville *f* et campagne *f*	**town and country**
Paris et la province	Paris and the provinces
les Parisiens	Parisians
le parisianisme	Parisian attitudes
le chic des Parisiens	chic style of Parisians
être bcgb = bon chic bon genre NAP = Neuilly Auteuil Passy }	equivalent of a 'Sloane Ranger'

être câblé / branché (chébran en verlan) (sur)	to be knowledgeable (about)
les grandes villes	cities
une agglomération	conurbation
un centre piéton	pedestrian precinct
un centre commercial	shopping precinct
la vie urbaine	urban life
les urbains / les citadins	city-dwellers
la périphérie des grandes villes	outskirts of large towns
les cités *f*-dortoirs *m* / les villes-dortoirs	dormitory towns
les cités HLM = Habitations *f* à loyer *m* modéré	large council estates
les grands ensembles	high-rise housing estates
la banlieue / le faubourg	suburb
les banlieusards	suburban people
la zone	belt of low-class housing estates on the outskirts of large cities
les zonards	those who live in that area
les loubards *m* de banlieue / les voyous *m* de la zone	hooligans from low-class housing estates
la loubardise	hooliganism
les quartiers pauvres / défavorisés	deprived areas
les ghettos *m*	ghettos
les bidonvilles *m*	shanty towns
les taudis *m*	slums
une ZI = Zone industrielle	industrial area
une ZUP = Zone à urbaniser en priorité *f*	area scheduled for priority housing development
les espaces verts	green areas
la ceinture / la boucle verte	green belt
les quartiers résidentiels	residential areas
le train de vie / le rythme de vie { trépidant / bousculé / mouvementé / fou }	hectic pace of life
l'anonymat *m* des grandes villes	anonymity of large cities
la vie quotidienne / la quotidienneté / le quotidien	daily life
la routine quotidienne:	daily routine/grind of: travel,

métro-boulot-dodo	work and sleep
une rame de métro	underground train
le RER = Réseau express régional du métro de Paris	extension of the underground system into the suburbs
le TGV = Train à grande vitesse	high-speed train
passer le permis de conduire	to take one's driving test
avoir son permis de conduire	to have one's driving licence
la vignette auto	car licence
le parc automobile français	number of vehicles on the road in France
les particuliers *m*	individuals
les voisins *m*	neighbours
le voisinage	neighbourhood
le domicile } la résidence }	place of residence
le parc immobilier français	total number of homes in France
le logement	housing, accomodation, lodgings
donner } indiquer } ses coordonnées *f*	to give one's personal details
l'individualisme *m* } le 'chacun pour soi' }	everyone for himself
la débrouille } la débrouillardise } le système 'D' = débrouille }	resourcefulness
être débrouillard	to be resourceful
le piston	string-pulling
en province *f*	in the provinces
les provinciaux } les gens *m/f* de la province }	provincials
les ruraux } les campagnards } les gens de la campagne }	country people
la vie rurale } la vie campagnarde }	country life
la France profonde = la France des provinces	the heart of France, the real France
le terroir	provincial/rural area or native soil/land
le retour aux sources *f* } à la nature }	return to nature
la mode écologique	ecological trend
les écologistes } les écolos }	ecologists/environmental groups

la défense ⎫ de l'environ-	defence/conservation of the
la protection ⎭ nement *f*	environment
polluer	to pollute
la pollution	pollution
la dégradation de l'environnement *m*	deterioration of the environment
les nuisances *f* de la vie moderne	environmental nuisance of modern life
s'échapper ⎫	to get away from it all in the
s'évader ⎭ à la campagne	country
une maison de campagne	country home
une résidence secondaire	second home
cultiver son jardin	to cultivate one's garden
son lopin de terre *f*	one's patch of land
le cadre de vie *f*	environment, surroundings
le mode ⎫	
le style ⎭ de vie	lifestyle

culture *f* et loisirs *m*

culture and leisure-time activities

les moeurs *f* ⎫	
les coutumes *f* ⎪ des	French customs
les habitudes *f* de vie ⎬ Français	
les façons *f* de vivre ⎭	
la religion	religion
le culte	worship, religion
aller à la messe	to go to mass
pratiquer ⎫	to be a churchgoer, a
être pratiquant ⎭	practising Christian
le temps libre ⎫	
le loisir ⎬	spare time, leisure time
les heures *f* de loisir ⎭	
les activités *f* de loisir ⎫	
les loisirs ⎭	leisure-time activities
les industries *f* de loisir(s)	leisure industries
gérer son temps libre ⎫	
organiser ses loisirs ⎭	to organise one's leisure time
un passe-temps	hobby
une marotte ⎫	
un violon d'Ingres ⎭	fad
collectionner ⎫	
faire collection *f* de ⎭	to collect
s'adonner à son passe-temps préféré/favori	to devote one's time to one's favourite pastime

se détendre } se délasser }	to relax
les activités de détente *f* 　　　　　de délassement *m* 　　　　　de récréation *f* }	relaxation, recreational activities
se distraire	to have entertainments, amuse oneself
les distractions *f*	recreations, entertainments
se défouler } s'éclater (familier) }	to unwind, let off steam
faire du sport	to go in for sport
pratiquer un sport	to go in for a particular sport
être sportif	to like sport, be fond of sport
une manifestation sportive	sporting event
le footing } le jogging }	jogging
faire un petit footing } 　　　　　jogging }	to go for a little jog
l'aérobique *f*	aerobics
un complexe sportif	sports complex
un centre de loisirs	leisure centre
un complexe } un centre } nautique	water sports centre
un terrain } une aire } de jeux *m*	playing field, sports ground
les équipements collectifs	communal facilities
un parc d'attractions *f*	amusement park
un parc de loisirs	leisure park
les amateurs de théâtre *m*	theatre lovers
une représentation théâtrale	theatre performance
les amateurs de cinéma *m* } les cinéphiles }	cinema enthusiasts
les habitués des salles *f* obscures	cinema goers
une séance de cinéma	cinema performance
la sortie d'un film	release of a film
assister à la première d'un film 　　　　　　　　　　d'une pièce	to attend the first night of a film 　　　　　　　　　　　　of a play
une manifestation artistique 　　　　　　　　　culturelle	artistic } cultural } event
les intellectuels } les intellos }	intellectuals
une exposition	exhibition
un vernissage d'exposition	preview of an exhibition
le patrimoine national	national heritage
une bibliothèque municipale	public library

la lecture	reading
un bouquin (familier)	book
bouquiner (familier)	to read
les livres *m* de poche *f*	pocket books
les BD = Bandes dessinées	comic strips
une maison de(s) jeunes *m*/une MJC = Maison des jeunes et de la culture	youth club
un animateur socio-culturel	community leader/worker
le bricolage	DIY
bricoler	to do odd jobs, potter about
la Loterie nationale	national lottery
le tirage de la Loterie nationale	draw of national lottery
gagner le gros lot	to win the first prize, the jackpot
jouer au loto	to play loto = numerical lottery, form of national bingo
jouer au loto sportif	national bingo for football results
jouer au tiercé *m*	national betting on three horses
les rapports *m* du tiercé	prizes of this national betting
le PMU = Pari mutuel urbain	tote
la combinaison gagnante du tiercé	winning numbers of the 'tiercé'
aller aux courses *f*	to go to the races
assister aux courses	to attend the races

les vacances *f* — holidays

partir en vacances	to go on holiday
prendre des vacances	to take a holiday
les vacanciers *m*	holiday-makers
les estivants *m*	summer holiday-makers
les juillettistes	people going on holiday in July
les aoûtiens	people going on holiday in August
'bronzer idiot'	to lie in the sun doing nothing
une villégiature	holiday resort
être en villégiature	to be holidaying
une station balnéaire	seaside resort
le littoral français	French coast
la navigation de plaisance *f*	sailing, yachting
les plaisanciers *m*	sailors
faire de la voile	to sail
la planche à voile	windsurfing

les véliplanchistes	windsurfers
le ski nautique	water-skiing
la plongée sous-marine	skin diving
un centre ⎫ de vacances une colonie ⎭	holiday camp
un centre aéré	day holiday camp
un animateur de centre de vacances	holiday camp leader
les vacances ⎫ d'hiver *m* les sports *m* ⎭	winter sports
une station de ski *m*	ski resort
faire du ski	to ski
le ski de fond *m*	cross-country skiing
les départs *m* en week-end *m*	people going away for the weekend
en vacances	on holiday
les retours *m* de week-end	people coming back from their weekend
de vacances	from their holidays
'faire le pont'	to take an extra day off and make a long weekend of it
les 'bouchons' *m* sur les routes *f*	tailbacks on the roads
prendre la route (des vacances)	to set out on holiday
une autoroute à péage *m*	toll motorway
un échangeur d'autoroute	motorway interchange
un itinéraire de délestage *m*	alternative route
la sécurité routière	road safety

AELE = Association européenne de libre-échange *m*
AF = Action française
AFP = Agence *f* France-Presse *f*
AG = Assemblée générale
AGF = Assurances générales de France
ALPE = Association *f* laïque des parents d'élèves
ANPE = Agence nationale pour l'emploi *m*
APEL = Association des parents d'élèves de l'enseignement *m* libre
APL = Aide personnalisée au logement
ASSEDIC = Association *f* pour l'emploi *m* dans l'industrie *f* et le
    commerce *m*
BD = Bandes dessinées
BEP = Brevet *m* d'études professionnelles
BEPC = Brevet d'études du premier cycle
BIC = Bénéfices industriels et commerciaux
BIT = Bureau international du travail
BN = Bibliothèque nationale
BNP = Banque nationale de Paris
BO = Bulletin officiel
BPF = Bon *m* pour francs *m*
BP = Boîte postale
BRB = Brigade *f* de la répression du banditisme
BT = Brevet *m* de technicien
BTN = Baccalauréat *m* de technicien
BTP = Bâtiment *m*, travaux publics
BTS = Brevet de technicien supérieur
BVP = Bureau *m* de vérification *f* de la publicité
CA = Chiffre *m* d'affaires *f*
   = Conseil *m* d'administration *f*
CAF = Caisse *f* d'allocations familiales
    = Coût *m*, assurance *f*, frais *m*
CAP = Certificat *m* d'aptitude professionnelle
    = Certificat d'aptitude pédagogique (1er degré)
CAPES = Certificat d'aptitude au professorat *m* de l'enseignement *m*
    du second degré
CAPET = Certificat d'aptitude au professorat de l'enseignement
    technique
CC = Corps *m* consulaire
CCC = Cellules *f* communistes combattantes

CCP = Comptes chèques postaux
CD = Corps *m* diplomatique
CDS = Centre *m* des démocrates sociaux
CEA = Commissariat *m* à l'énergie *f* atomique
CECA = Communauté européenne du charbon *m* et de l'acier *m* =
    ECSC
CEDEX = Courrier *m* d'entreprise *f* à distribution *f* express
CEE = Communauté *f* économique européenne = EEC
CEEA = Communauté européenne de l'énergie atomique = EAEC
CEG = Collège *m* d'enseignement général
CEP = Certificat *m* d'éducation professionnelle
CERN = Centre européen pour la recherche nucléaire
CES = Collége d'enseignement secondaire
CET = Collège d'enseignement technique
CFDT = Confédération *f* française démocratique du travail
CFTC = Confédération française des travailleurs chrétiens
CGC = Confédération générale des cadres
CGE = Confédération générale de l'encadrement *m*
CGT = Confédération générale du travail
CGT-FO = CGT-Force ouvrière
CHU = Centre hospitalier universitaire
CIDUNATI = Comité *m* d'information *f* et de défense *f* de l'union
    nationale des artisans et travailleurs indépendants
CNAF = Caisse nationale d'allocations familiales
CNAM = Caisse nationale d'assurance *f* maladie *f*
CNAV = Caisse nationale d'assurance vieillesse *f*
CNC = Comité national de la consommation
CNCL = Commission nationale de la communication et des libertés *f*
CNCE = Centre *m* national du commerce extérieur
CNES = Centre national d'études *f* spatiales
CNET = Centre national d'études des télécommunications *f*
CNIP = Centre national des indépendants et paysans
CNIT = Centre national des industries *f* et des techniques *f* (Paris)
CNOUS = Centre national des oeuvres *f* universitaires et scolaires
CNPF = Conseil national du patronat français
CNRS = Centre national de la recherche scientifique
COB = Commission *f* des opérations *f* de Bourse *f*
CODER = Commission de développement économique régional
CPAM = Caisse *f* primaire d'assurance *f* maladie *f*
CQFD = Ce qu'il fallait démontrer
CRAM = Caisse régionale d'assurance maladie
CREDIF = Centre de recherche *f* et d'étude *f* pour la diffusion du
    français
CRF = Croix-Rouge française
CROUS = Centre régional des oeuvres *f* universitaires et scolaires
CRS = Companies républicaines de sécurité *f*

DATAR = Délégation *f* à l'aménagement *m* du territoire et à l'action régionale
DEA = Diplôme *m* d'études approfondies
DES = Diplôme d'études supérieures
DEUG = Diplôme d'études universitaires générales
DGI = Direction générale des impôts *m*
DGSE = Direction générale de la sécurité extérieure
DOM = Département *m* d'outre-mer *f*
DST = Direction *f* de la surveillance du territoire
DUEL = Diplôme universitaire d'études littéraires
DUES = Diplôme universitaire d'études scientifiques
DUT = Diplôme universitaire de technologie *m*
EDF = Electricité *f* de France
EDHEC = Ecole *f* des hautes études commerciales
EGF = Electricité *f*-Gaz *m* de France
ENA = Ecole nationale d'administration *f*
ESC = Ecole supérieure de commerce *m*
ESCP = Ecole supérieure de commerce *m* de Paris
ETHIC = Entreprises de taille humaine industrielles et commerciales
E-U = Etats-Unis = USA
FB = Franc *m* belge
FEN = Fédération *f* de l'éducation nationale
FF = Franc français
FFI = Forces françaises de l'Intérieur *m*
FFL = Forces françaises libres
FLB = Front *m* de libération *f* de la Bretagne
FLN = Front de libération nationale
FMI = Fonds *m* monétaire international = IMF
FN = Front national
FNEF = Fédération nationale des étudiants de France
FNL = Front national de libération *f*
FNS = Fonds national de solidarité *f*
FNSEA = Fédération nationale des syndicats *m* d'exploitants agricoles
FO = Force ouvrière
FS = Franc *m* suisse
G-B = Grande-Bretagne
GDF = Gaz *m* de France
GIGN = Groupe *m* d'intervention *f* de la gendarmerie nationale
GVT = Glissement *m* vieillesse *f* technicité *f*
HEC = (Ecole *f* des) Hautes études commerciales
HLM = Habitation *f* à loyer modéré
HT = Hors-taxe *f*
IDS = Initiative *f* de défense *f* stratégique = SDI
IEP = Institut *m* d'études *f* politiques

IFOP = Institut français d'opinion *f* publique
IGF = Impôt *m* sur les grandes fortunes
IGS = Inspection *f* générale des services *m*
INC = Institut *m* national de la consommation
INED = Institut national des études *f* démographiques
INRA = Institut national de la recherche agronomique
INRP = Institut national de la recherche pédagogique
INSEE = Institut national de la statistique et des études *f*
  économiques
INSERM = Institut national de la santé et de la recherche médicale
IRPP = Impôt *m* sur le revenu des personnes *f* physiques
IUT = Institut universitaire de technologie *f*
IVG = Interruption *f* volontaire de grossesse *f*
JAC = Jeunesse agricole chrétienne
JEC = Jeunesse étudiante chrétienne
JF = Jeune fille
JH = Jeune homme
JMF = Jeunesses musicales de France
JO = Journal officiel
  = Jeux *m* olympiques
JOC = Jeunesse ouvrière chrétienne
LEP = Lycée *m* d'enseignement professionnel
MF/FM = Modulation *f* de fréquence *f*
MJC = Maison des jeunes et de la culture
MLF = Mouvement *m* de libération *f* de la femme
MNEF = Mutuelle nationale des étudiants de France
MRG = Mouvement *m* des radicaux de gauche *f*
MRP = Mouvement républicain populaire
MST = Maladies *f* sexuellement transmissibles
NF = Norme française
NRF = Nouvelle revue française
OAS = Organisation *f* de l'armée secrète
OCDE = Organisation *f* de coopération *f* et de développement *m*
  économique = OECD
OECE = Organisation européenne de coopération économique =
  OEEC
OLP = Organisation pour la libération de la Palestine = PLO
OMS = Organisation mondiale de la santé = WHO
ONI = Office *m* national d'immigration *f*
ONISEP = Office national d'information *f* sur les enseignements *m*
  et les professions *f*
ONU = Organisation des Nations Unies = UNO
OP = Ouvrier professionnel
OPA = Offre publique d'achat *m*
OPE = Offre publique d'échange *m*
OPEP = Organisation *f* des pays exportateurs de pétrole *m* = OPEC

OPV = Offre publique de vente *f*
ORSEC = Organisation des secours *m*
ORTF = Office *m* de radiodiffusion-télévision française
OS = Ouvrier spécialisé
OTAN = Organisation *f* du traité de l'Atlantique *m* Nord = NATO
OVNI = Objet volant non identifié = UFO
PAC = Politique agricole commune = CAP
PAF = Police *f* de l'air *m* et des frontières *f*
    = Paysage audiovisuel français
PC = Parti *m* communiste
PCC = Pour copie *f* conforme
PCF = Parti communiste français
PDG = Président-directeur général
PEGC = Professeur d'enseignement général de collège *m*
PetT = Postes *f* et télécommunications *f*
PIB = Produit intérieur brut = GDP
PJ = Police *f* judiciaire
    = Pièce(s) jointe(s)
PME = Petites et moyennes entreprises
PMI = Petites et moyennes industries
PMU = Pari mutuel urbain (tiercé *m*)
PNB = Produit national brut = GNP
PR = Parti républicain
    = Poste restante
PS = Parti socialiste
    = Post-scriptum *m*
PSD = Parti social-démocrate
PSU = Parti socialiste unifié
PTT = Postes *f* et télécommunications *f*
PUF = Presses *f* universitaires de France
PV = Procès-verbal *m*
PVD = Pays *m* en voie *f* de développement *m*
QG = Quartier général
QI = Quotient *m* d'intelligence *f*
RAID = Recherche–Assistance–Intervention–Dissuasion *all f*
RATP = Régie *f* autonome des transports parisiens
RD = Route départementale
RDA = République démocratique allemande
RER = Réseau *m* express régional
RF = République française
RFA = République fédérale allemande
RG = Renseignements généraux
RI = Républicains indépendants
RN = Route nationale
RP = Représentation proportionnelle
RPR = Rassemblement *m* pour la République

RSVP = Répondez s'il vous plaît
RTL = Radio-Télévision luxembourgeoise
RV = Rendez-vous
SA = Société *f* anonyme
SAMU = Service *m* d'aide médicale urgente
SARL = Société *f* à responsabilité limitée
SEITA = Société d'exploitation industrielle des tabacs *m* et
    allumettes *f*
SFIO = Section française de l'internationale ouvrière
SICAV = Société d'investissement *m* à capital *m* variable
SICOB = Salon *m* des industries *f* du commerce et de l'organisation *f*
    du bureau
SIDA = Syndrome *m* immuno-déficitaire acquis = AIDS
SMAG = Salaire minimum agricole garanti
SME = Système monétaire européen = EMS
SMI = Système monétaire international = IMS
SMIC = Salaire minimum interprofessionnel de croissance *f*
SMIG = Salaire minimum interprofessionnel garanti
SNCF = Société nationale des chemins de fer *m* français
SNES = Syndicat national de l'enseignement secondaire
SNESup = Syndicat national de l'enseignement supérieur
SNET = Syndicat national de l'enseignement technique
SNI = Syndicat national des instituteurs
SOFRES = Société française d'enquêtes *f* par sondage *m*
SPA = Société protectrice des animaux
SR = Service *m* de renseignements *m*
SS = Sécurité sociale
SVP = S'il vous plaît
TAAF = Terres australes et antarctiques françaises
TC = Taxe *f* complémentaire
TCA = Taxe sur le chiffre d'affaires *f*
TGV = Train *m* à grande vitesse
TIR = Transport international routier
TNP = Théâtre national populaire
TOM = Territoire *m* d'outre-mer
TD = Travaux dirigés
TP = Travaux pratiques
TSVP = Tournez s'il vous plaît
TTC = Toutes taxes comprises
TVA = Taxe sur la valeur ajoutée = VAT
UAP = Union *f* des assurances *f* de Paris
UDF = Union *f* pour la démocratie française
UER = Unité *f* d'enseignement *m* et de recherche *f*
UNATI = Union nationale des artisans et travailleurs indépendants
UNCAF = Union nationale des caisses *f* d'allocations familiales
UNEDIC = Union nationale pour l'emploi *m* dans l'industrie *f* et le

commerce
UNEF = Union nationale des étudiants de France
URSS = Union des républiques *f* socialistes soviétiques = USSR
UTA = Union des tranports aériens
UV = Unité *f* de valeur *f*
VDQS = Vin délimité de qualité supérieure
VQPRD = Vin de qualité *f* produit dans des régions déterminées
VRP = Voyageurs de commerce, représentants et placiers
ZAC = Zone *f* d'aménagement concerté
ZAN = Zone d'agglomération nouvelle
ZI = Zone industrielle
ZUP = Zone à urbaniser en priorité *f*